Dagmar von Gersdorff

Goethes erste große Liebe Lili Schönemann

Insel Verlag

Insel-Bücherei Nr. 1229
Sonderausgabe 2014

Inhalt

1 Lili Schönemann

»Sie war in der Tat die Erste«

> Ich wäre stolz gewesen, es der ganzen Welt zu sagen, wie sehr ich sie geliebt; und ich glaube, sie wäre nicht errötet, zu gestehen, daß meine Neigung erwidert wurde.

»Ich bin ... meinem eigentlichen Glücke nie so nahe gewesen, als in der Zeit jener Liebe zu Lili. Die Hindernisse, die uns auseinander hielten, waren im Grunde nicht unübersteiglich, – und doch ging sie mir verloren!« Das sagte Goethe noch im Alter zu Eckermann, und weiter äußerte er: »Sie war in der Tat die Erste, die ich tief und wahrhaft liebte. Auch kann ich sagen, daß sie die Letzte gewesen;«

Diese Äußerung berührt seltsam, wenn man an Goethes lange Beziehung zu Charlotte von Stein, an seine Ehe mit Christiane Vulpius denkt. Mit Lili verbrachte er einen glücklichen Frühling, einen stürmischen Sommer und einen von Abschiedsgedanken erfüllten Herbst – mehr nicht. Die Trennung wurde schließlich von beiden gewünscht, nach zermürbenden Turbulenzen und einem Gespräch unter vier Augen, das Goethe in seinem Brief an Auguste Gräfin Stolberg den »grausam feyerlichst süsesten« Augenblick seines Lebens nannte.

Was blieb, war die Ahnung, wie das Leben mit der schönen, gebildeten und liebenswerten Anna Elisabeth Schönemann hätte werden können. Das geht aus einer Bemerkung hervor, die Eckermann ebenfalls festgehalten hat und die Goethe in *Dichtung und Wahrheit* bestätigt: Es sei zu ihr ein Verhältnis »von Person zu Person« entstanden. Lili paßte zu ihm, sie waren »einander wert«, wie es im Hochzeitsgedicht für Goethes Eltern hieß.[1] Denn Lili war nicht nur schön und herzensgut, sie war auch intelligent und begabt und stand, was den sozialen Status betraf, mit ihm auf einer Stufe. Man hatte ihr die gleiche sorgfältige Erziehung zukommen lassen, wie Vater Johann Caspar Goethe seiner Tochter Cornelia, eine Ausbildung, die auch die sogenannten »wissenschaftlichen Fächer« umfaßte wie Geographie und Geschichte, Sprachen und Literatur. Lili erhielt Klavier- und Gesangstunden, beherrschte und liebte – im Gegensatz zu Goethes Schwester – die modischen Tänze, war vielseitig in ihren Interessen und erschien ihrem Verehrer ebenso sportlich zu Pferde wie elegant auf Festen und Bällen. Daß sie sich gut auszudrücken verstand, beweisen ihre Briefe.

Lili war eine Persönlichkeit, die Goethe Respekt einflößte. Das war bisher bei keiner seiner Freundinnen der Fall gewesen, weder bei Katharina Schönkopf in Leipzig noch bei Friederike Brion in Sesenheim, weder bei Charlotte Buff in Wetzlar noch bei Magdalena Münch in Frankfurt. Lili war von anderem Format. »Daß sie mich beherrsche, war nicht zu verbergen, und sie durfte sich diesen Stolz gar wohl erlauben«, schreibt Goethe in *Dichtung und Wahrheit*.

Im Januar 1775 hatten sich die sechzehnjährige Bankierstochter und der fünfundzwanzigjährige Dichter kennengelernt. Drei Monate später war Goethe derart verliebt, daß er glaubte, sich nie mehr von Lili trennen zu können. An Freund Herder schrieb er am 25. März 1775: »Es sieht aus als wenn die Zwirnsfädgen an denen mein Schicksal hängt, u. die ich schon so lange in rotierender Oscillation auf und zutrille, sich endlich knüpfen wollten«, eine Ankündigung, aus der Herder folgerichtig den Schluß zog, den er umgehend auch Freund Hamann mitteilte: »Goethe geht in Heirathsgedanken.«

Anna Elisabeth Schönemann, geboren am 23. Juni 1758 in Frankfurt am Main, war die einzige Tochter des Bankiers und Geschäftsmannes Johann Wolfgang Schönemann (1717-1763) und der aus französisch-hugenottischem Adel stammenden Suzanne-Elisabeth d'Orville (1722-1782). Das Ehepaar hatte außer der Tochter noch vier Söhne, von denen einer, wie Vater Schönemann, ebenfalls Johann Wolfgang genannt wurde.

Als Lili im Januar 1775 im Musikzimmer ihres Elternhauses dem neun Jahre älteren Goethe gegenüberstand, hatte er sich als Verfasser des *Götz von Berlichingen,* der in Berlin und Hamburg aufgeführt worden war, und als Autor des Romans *Die Leiden des jungen Werthers* bereits Berühmtheit erlangt. Das Buch, dessen Held an der Welt wie an den gesellschaftlichen Verhältnissen leidet und sich aus unglücklicher Liebe den Tod gibt, traf, wie Goethe sagte, mitten in den Nerv der Zeit. Es erlebte einen Erfolg ohnegleichen, wurde in unzähligen Auflagen nachgedruckt und von aller Welt gelesen – auch von Lili und ihrer Mutter. Zumindest dem Namen nach war der junge Mann ihnen daher kein Unbekannter mehr.

Johann Wolfgang Goethe, geboren am 28. August 1749, lebte zu dieser Zeit mit seinen Eltern im stattlichen, mit Silber, Gemälden und teuren Möbeln eingerichteten Haus am Hirschgraben. Sein Vater, Johann Caspar Goethe (1710-1782), Doktor beider Rechte und Kaiserlicher Rat, konnte sich aufgrund eines stattlichen Vermögens, das ihm sein Vater, der Schneidermeister und Gastwirt Friedrich Georg Göthe hinterlassen hatte, ein Leben als Privatmann leisten. Goethes Mutter Catharina Elisabeth (1731-1808) war die Tochter des höchsten Frankfurter Beamten, des Stadt- und Gerichtsschultheißen Johann Wolfgang Textor und seiner Frau Anna Margaretha geb. Lindheimer (1711-1783), die noch im alten Textorschen Haus in der Friedberger Gasse lebte. Goethes Schwester Cornelia (1750-1776), mit der er gemeinsam erzogen und unterrichtet worden war, hatte 1773 Johann Georg Schlosser geheiratet, Jurist und Hofrat im badischen Emmendingen.

Auch eine Heirat des Sohnes hätten die Eltern sicherlich begrüßt. Die Voraussetzungen für seine berufliche Laufbahn als Rechtsanwalt – Advokat, wie man damals sagte – waren geschaffen. Wolfgang hatte seine juristischen Studien in Leipzig und Straßburg mit dem Titel eines Lizentiaten abgeschlossen, der es ihm erlaubte, sich Doktor juris zu nennen; zudem hatte er, wie sein Vater und Großvater Textor, am Reichskammergericht in Wetzlar praktiziert und beim Rat der Freien Reichsstadt Frankfurt die zur Ausübung des Advokatenberufs notwendige Zulassung erworben. Nun sollte er nach dem Wunsch des Vaters endlich auf eigenen Füßen stehen. Eine Kanzlei war eingerichtet worden, das Aktenstudium konnte beginnen. Allerdings schien sich der Sohn bisher weniger erfolgreich als Jurist denn als Schriftsteller zu betätigen. »Unter all meinen Talenten ist mir Jurisprudenz der geringsten eins«, schrieb er am 25. Dezember 1773 an Kestner.

Der junge Mann, schlank, mit braunen Augen und braunem Haar, temperamentvoll und gewandt im Umgang, muß im Haus »Zum Liebeneck« eine gute Figur gemacht haben. Doch das allein reichte nicht aus, um von den anspruchsvollen Schönemanns akzeptiert zu werden, auch wenn Lilis vornehme Mutter, Nachfahrin eines nordfranzösischen Geschlechts, das aus der Gegend von Cambrai stammte, ihn schon nach dem ersten Besuch freundlich zum Wiederkommen aufgefordert hatte.

Ob mit Lili allein oder in Gegenwart der Mutter – es waren, wie Goethe sagt, »die angenehmsten Stunden«. Allerdings zeigen ihn schon die Briefe aus dieser ersten Zeit in erheblicher Verwirrung. Er hatte, wie es scheint, kaum damit gerechnet, durch ein sehr junges Mädchen unerwartet vor schwerwiegende Entscheidungen gestellt zu werden. Lili zog ihn an wie keine Frau zuvor. »War es doch derselbige nun durch Putz verhüllte Busen der sein Innres mir geöffnet hatte und in den ich so klar wie in den meinigen hineinsah; waren es doch die selben Lippen, die mir so früh den Zustand schilderten in dem Sie herangewachsen, in dem Sie ihre Jahre verbracht hatte«, be-

2 Johann Wolfgang Goethe

teuert er in *Dichtung und Wahrheit.* »Jeder wechselseitige Blick, jedes begleitende Lächeln sprach ein verborgnes edles Verständnis aus ...« Lili war »Lieb' und Güte« und überdies von blendender Schönheit. Ihr konnte er sich nicht so leicht entziehen wie früheren vorübergehenden Liebeleien.

Von den Mitteilungen, die zwischen den Verliebten gewechselt wurden, blieb lediglich ein abgerissenes Briefstück erhalten, das nur darum noch existiert, weil Goethe die rasch hingeworfenen, leidenschaftlichen Beteuerungen nicht abgeschickt hat. Vermutlich war es die Mutter, die das Blatt während seiner Schweizreise im Schreibtisch fand und beiseite legte.[2] Anna Elisabeth Schönemann wurde von Goethe »Lili« genannt, während sich allgemein die Schreibweise »Lilli« findet, woran der Titel von Goethes Theaterstück *Stella* erinnert, dem *Schauspiel für Liebende,* das er ihr – nach der Trennung – mit einer überaus zärtlichen Widmung zusandte. Lili selbst hat ihre Briefe mit »Elise« oder auch »Lise« unterzeichnet. In Goethes Brieftext kommt ihr Name nicht vor. »Herzlich ... bin ... ich sogleich bey – lieber Engel – Ach wie möcht ich zu deinen Wolken steil – Wo sie streben und durcheinander gleiten. Wo sie drängen und durcheinander wandern.«[3] – Worte eines Verliebten, dessen Gefühle in Unordnung waren.

Er hat sich am Ende gewaltsam von seiner Liebe losgerissen, allerdings nicht ohne Lilis Einverständnis, im Gegensatz zu anderen Abschieden, als er Friederike Brion, Lotte Buff und Charlotte von Stein ohne Erklärung verließ. Doch eine Flucht war es auch hier.

Das Wort »Flucht« notierte Goethe in sein Reisetagebuch im Augenblick des Aufbruchs im Oktober des gleichen Jahres, das mit Lili so glücklich begonnen hatte. Er wählte den Weg über den Kornmarkt, um ein letztes Mal an Lilis Haus vorbeizufahren. »Ach dacht ich wer doch ... Lili Adieu Lili zum zweitenmal! Das erstemal schied ich noch hoffnungsvoll unsere Schicksaale zu verbinden! Es hat sich entschieden – wir müssen einzeln unsre Rollen ausspielen.« Abgebrochene Zeilen, Gedankenstriche, die verschweigen, was er auch einem geheimen Reisetagebuch nicht anvertrauen will. Er verließ Frankfurt für immer.

Goethe begegnete Lili nur noch ein einziges Mal. Als der dreißigjährige Legationsrat aus Weimar überraschend bei ihr eintrat, war Lili verheiratet und hielt ihr erstes Kind auf dem Schoß. Er wurde herzlich empfangen. Niemals ist davon die Rede, sie habe ihm gezürnt. Doch glücklich war Lili in Straßburg nicht. Nach dem Zusammenbruch des Schönemannschen Bankhauses wohnte die verwöhnte Frau bei ihren Schwiegereltern, die sie ihre Enttäuschung in demütigen Auseinandersetzungen spüren ließen. Diejenigen, die den Zusammenbruch herbeigeführt hatten, waren jene Brüder von Lili, die Goethe als Schwager abgelehnt hatten – sie suchten einen reichen Geschäftsmann, keinen Dichter. Der Konkurs des Frankfurter Bankhauses war Lili zum Verhängnis geworden. Ein leichtes Leben hatte sie in der Folge nicht. Doch das konnte Goethe beim Anblick des vornehmen Hauses nicht ahnen.

Goethe besuchte sie kein zweites Mal, und auch sie hat sich nicht um ein Wiedersehen bemüht. Dennoch erlosch das gegenseitige Interesse nicht, und man nahm jede Gelegenheit wahr, durch Dritte voneinander zu hören. Als einer von Lilis Söhnen nach Weimar fuhr, durchbrach sie das Schweigen und sandte ein Empfehlungsschreiben an den inzwischen geadelten Staatsminister, Freund des Herzogs, Geheimen Rat und berühmten Dichter Goethe.

Goethes Antwort zeigt, wie ihr Brief ihn bewegte. Am 14. Dezember 1807 schrieb er ihr: »Zum Schluß erlauben Sie mir zu sagen: daß es mir unendliche Freude machte, nach so langer Zeit, einige Zeilen wieder von Ihrer lieben Hand zu sehen, die ich tausendmal küsse in Erinnerung jener Tage, die ich unter die glücklichsten meines Lebens zähle.«

»Neue Liebe, Neues Leben«

Bleibe, bleibe bei mir
Holder Fremdling, süß Liebe
Holde süße Liebe
Und verlasse die Seele nicht
Ach wie anders wie schön
Lebt der Himmel lebt die Erde
Ach wie fühl ich wie fühl ich
Dieses Leben zum erstenmal!

»Meine Schwester Lili war von der Natur mit einer schönen und interessanten Gestalt begünstigt worden. Der Ausdruck eines lebhaften Geistes und talentvoller Befähigung, der aus ihren sprechenden Augen leuchtete, mischte sich mit den weichen Zügen einer edel geformten Gesichtsbildung und schuf eine Harmonie darin, die schon beim ersten Anblick auf ein gutes, Allen wohlwollendes Herz schließen ließ, darum zog diese so äußerst liebliche Erscheinung auch Alles an sich, was in ihre Nähe kam«,[4] schreibt Lilis Bruder Johann Friedrich Schönemann.

In die Nähe dieser »sprechenden Augen« geriet der junge Goethe. »In mir ist viel Wunderbares Neues, in drey Stunden hoff ich Lili zu sehn ... Ja Tante sie war schön wie ein Engel, und ich hatte sie in 4 Tagen nicht gesehen. Und lieber Gott wie viel ist sie noch besser als schön.« Das schrieb er an die Hausfreundin Johanna Fahlmer, die er in seine Geheimnisse einweihte, um eine weibliche Vertraute zu haben, mit der er sich in seinen Herzensangelegenheiten beraten konnte.

Goethes gesamte Lebensbeschreibung *Dichtung und Wahrheit* gipfelt im Bericht seiner Liebe zu Lili, als sei sie die Quintessenz seiner Jugendjahre. Auch Eckermann sieht in der Schilderung dieser Liebe einen der Höhepunkte von *Dichtung und Wahrheit*: »Zartes, anmutiges, leidenschaftliches Liebesverhältnis, heiter im Entstehen, idyllisch im Fortgang, tragisch am Ende durch ein stillschweigendes gegenseitiges Entsagen ... Der Zauber von Lilis Wesen, im Detail geschildert, ist geeignet jeden Leser zu fesseln, so wie er den Liebenden selbst dergestalt in Banden hielt, daß er sich nur durch eine wiederholte Flucht zu retten im Stande war ... Wenn also irgend ein Abschnitt aus Goethe's Leben Interesse hat und den Wunsch einer detaillierten Darstellung rege macht, so ist es dieser.«

In *Dichtung und Wahrheit* erklärt Goethe, wie es dazu kam, daß er, »der quasi Fremde«, der »Bär«, der »Hurone« mit dem unmöglichen Benehmen, Zutritt im vornehmen Haus »Zum Liebeneck« erhielt. Nachdem er durch seine Werke, besonders den *Werther,* bekannt geworden sei, hätten sich Freunde bemüht, ihn in diverse Gesellschaftskreise einzuführen. »Unter andern ersuchte mich ein Freund eines Abends mit ihm ein kleines Konzert zu besuchen, welches in einem angesehnen reformierten Handelshause gegeben wurde. Es war schon spät doch weil ich alles aus dem Stegreife liebte, folgte ich ihm wie gewöhnlich anständig angezogen. Wir treten in ein Zimmer gleicher Erde und in das eigentliche geräumige Wohnzimmer. Die Gesellschaft war zahlreich, ein Flügel stand in der Mitte an den sich sogleich die einzige Tochter des Hauses niedersetzte und mit bedeutender Fertigkeit und Anmut spielte, ich stand am unteren Ende des Flügels um ihre Gestalt und Wesen nahe genug bemerken zu können, sie hatte etwas Kindartiges in ihrem Betragen, die Bewegungen wozu das Spiel sie nötigte waren ungezwungen und leicht.«

Schon die erste Begegnung muß einem Blitzschlag geglichen haben. Lilis »Fertigkeit und Anmut« fielen ihm auf, nämlich ihr vollendetes Klavierspiel und ihre Schönheit. Vielleicht erinnerte ihn ihr Spiel an seine Schwester, die ebenfalls im Elternhaus Konzerte für Freunde und Gäste gab. Allerdings wurde Cornelia von ihm nie mit jenen Attributen belegt, wie er sie für die schöne Musizierende fand. Er nennt sie »anmutig«, ihr Spiel »ungezwungen und leicht«, eine junge Frau, die ihn sofort mit erstaunlichem Selbstbewußtsein von Kopf bis Fuß begutachtete.

»Nach geendigter Sonate trat sie ans Ende des Pianos gegen mir über, wir begrüßten uns ohne weitere Rede, denn ein Quartett war schon angegangen. Am Schluß trat ich etwas näher und sagte einiges Verbindliche: wie sehr es mich freue daß die erste Bekanntschaft mich auch zugleich mit ihrem Talent bekannt gemacht habe. Sie wußte gar artig meine Worte zu erwidern, behielt ihre Stellung und ich die Meinige. Ich konnte bemerken, daß sie mich aufmerksam betrachtete und daß ich ganz eigentlich zur Schau stand, welches ich mir gar wohl konnte gefallen lassen, da man mir auch etwas gar Anmutiges zu schauen gab. Indessen blickten wir einander an …«

Als Goethe im Alter über das Phänomen gegenseitiger Anziehung sprach, bemerkte Eckermann, Liebe sei niemals gleich, sondern sie »modifiziert sich« stets nach der Persönlichkeit, die man liebe. »Sie haben vollkommen Recht«, habe Goethe erwidert, »denn nicht bloß *wir* sind die Liebe, sondern es ist es auch das uns anreizende liebe Objekt. Und dann, was nicht zu vergessen, kommt als ein mächtiges Drittes noch das Dämonische hinzu, das jede Leidenschaft zu begleiten pflegt und das in der Liebe sein eigentliches Element findet. In meinem Verhältnis zu Lili war es besonders wirksam; es gab meinem ganzen Leben eine andere Richtung und ich sage nicht zuviel, wenn ich behaupte, daß meine Herkunft nach Weimar und mein jetziges Hiersein davon eine unmittelbare Folge war.«

Was Goethe in *Dichtung und Wahrheit* ausmalt, ist der Eindruck, der ihm ein Leben lang lebendig blieb: das erste gegenseitige Erkennen. Es war ein »Zauber«. Dämonie war im Spiel. Eine andere Möglichkeit gab es nicht.

Neue Liebe, Neues Leben

Herz mein Herz was soll das geben?
Was bedränget dich so sehr?
Welch ein fremdes neues Leben!
Ich erkenne dich nicht mehr!
Weg ist alles was du liebtest,
Weg worum du dich betrübtest,
Weg dein Fleiß und deine Ruh',
Ach wie kamst du nur dazu.

Fesselt dich die Jugendblüte?
Diese liebliche Gestalt,
Dieser Blick voll Treu und Güte,
Mit unendlicher Gewalt?
Will ich rasch mich ihr entziehen
Mich ermannen ihr entfliehen;
Führet mich im Augenblick
Ach mein Weg zu ihr zurück.

Und an diesem Zauberfädgen,
Das sich nicht zerreißen läßt
Hält das liebe lose Mädgen
Mich so wider willen fest.
Muß in ihrem Zauberkreise
Leben nun auf ihre Weise.
Die Verändrung ach wie groß!
Liebe! Liebe! laß mich los!

»Zauberfädgen ... Zauberkreise« – die Verse charakterisieren die Faszination, die von Lili ausging. Sie bleibt das »liebe lose Mädchen«, während er sich als ihr Gefangener sieht. Es scheint Goethe, als habe sich eine unerklärbare, dämonische Gewalt seiner bemächtigt. Er ist «wider Willen« in eine Fessel geraten, die »sich nicht zerreißen läßt«.

Lili und ihre Mutter kannten den *Werther* und waren der Ansicht, so Goethe, daß gerade er, der Autor, über tiefere Kenntnisse »des menschlichen Herzens« verfüge als jeder andere, »und in diesem Sinne waren unsre Gespräche sittlich interessant auf jede Weise«. Lili, läßt sich daraus schließen, war für ihn eine adäquate Gesprächspartnerin: »Mein Verhältnis zu ihr war von Person zu Person«.

Vater Schönemann war 1763 gestorben, als Lili vier Jahre alt war. Seither führte die Mutter mit einem Teilhaber die Geschäfte weiter. Unter ihrer Anleitung hatte die einzige Tochter eine Ausbildung erhalten, die derjenigen der Geschwister Goethe nicht nachstand. Im Hinblick auf Lilis Zukunft scheint Madame Schönemann sich schon früh mit Heiratsplänen beschäftigt zu haben. Es wird berichtet, daß Lili »von der Mutter anfänglich ihrem Vetter J. M. (Manskopf) zugedacht gewesen sei, welcher Plan jedoch ohne Folgen geblieben, da die Mutter sich bald von der vollständigen Gleichgiltigkeit ihrer Tochter gegen diese Partie überzeugt habe«.[5]

Was Goethe besonders schätzte, waren nicht Lilis Bildung und Kenntnisse, sondern ihr Charakter und ihr Wesen. Lili war schön, aber sie war auch »besser« als nur schön, wie Goethe ausdrücklich schreibt, nämlich klug, nachdenklich, freundlich – »gütig«, sagt Goethe immer wieder – und von einem tiefen Ernst, den man der an Geselligkeit aller Art gewöhnten jungen Dame nicht ohne weiteres zugetraut hätte. Die 147 Briefe, die von ihr erhalten sind, beweisen ihre innere Stabilität.

Das große Vermögen des Schönemannschen Hauses beruhte auf den umsichtigen Bankgeschäften, die der Vater Johann Wolfgang Schönemann während des Siebenjährigen Krieges

3 Haus »Liebeneck«

getätigt hatte. Nachdem seine Witwe und später ihr ältester Sohn Jean-Noë (1752-1784) die Leitung der Bank übernommen hatte, blieb der Erfolg aus – das Vermögen war im Abnehmen begriffen.

Lilis Mutter, Suzanne-Elisabeth Schönemann, war als Tochter des Bankiers Jean-Noë d'Orville an ein großzügiges Leben und entsprechendes gesellschaftliches Auftreten gewöhnt. Sie hatte 1770, fünf Jahre vor der Begegnung ihrer Tochter mit Goethe, das alte, zweigieblige Renaissancehaus am Kornmarkt abreißen und ein neues Gebäude errichten lassen, das dem der Familie Goethe nicht unähnlich war. Der Umbau hatte jedoch dreimal so viele Kosten verursacht wie der des Hauses im Hirschgraben, das unter der Leitung von Johann Caspar Goethe mit Geschick und Bedacht für 14 000 Gulden modernisiert worden war.

Das Anwesen der Schönemanns befand sich am großen Kornmarkt. Die stattliche Fassade wurde durch eine Einfahrt geteilt. Links lag der Comptoirraum, in dem die Bankgeschäfte getätigt wurden, rechts das Musikzimmer mit dem Flügel, in dem sich Lili und Goethe zum erstenmal begegneten. Im oberen Stockwerk lag der schmale Saal, in dem zu jenen mondänen Soiréen und repräsentativen Assembléen gebeten wurde, die Goethe verabscheute. Die Treppe, die nach oben führte, besaß das gleiche handgeschmiedete Rokokogeländer, wie es auch Caspar Goethe für seine elegante Treppe hatte anfertigen lassen, und die Wachstuchtapete des Schönemannschen Saales stammte von eben dem Maler Johann Benjamin Nothnagel, der auch die Räume des Goethehauses dekoriert und dem Vater manches Bild geliefert hatte. Die Wände des Tanzsaales waren durch aufgemalte Pilaster in hellgraue Flächen geteilt, wie sie auch die Rätin Goethe – ihrem Ausgabenbuch nach zu urteilen – für ihr Haus bevorzugte. »Silbergraue Nischen«, heißt es etwa in ihren Quittungsbüchern.[6] Dadurch, daß die Fenster im

4 Das Goethehaus am Großen Hirschgraben

Erdgeschoß durch ausladende Fensterkörbe aus Schmiedeeisen geschützt wurden, glichen sich beide Häuser auch von außen. Goethe mag sich schon dieser Ähnlichkeiten wegen im Haus »Zum Liebeneck« wie zu Hause gefühlt haben.

Der Neubau hatte mit 40000 Gulden einen Teil des bestehenden Kapitals verschlungen. Schon drei Jahre nach dem Tod des Vaters hatte der Landsitz der Familie Schönemann, die Isenburger Mühle, verkauft werden müssen. Erste Anzeichen von Insolvenz stellten sich ein, und den geschäftlichen Niedergang vor Augen, löste der Teilhaber Heyder seinen Vertrag und schied aus der Firma aus. Madame Schönemann nahm statt seiner einen Angestellten in die Geschäftsleitung auf.[7] Erst nach dem Konkurs wurde Lili klar, warum ihre Brüder statt des Poeten Goethe einen finanzstarken, geschäftstüchtigen Schwager für ihre Bankgeschäfte gesucht hatten.

Von diesen Ereignissen wird das verliebte Paar kaum etwas erfahren haben. Goethe interessierte sich nicht für das Bankhaus, sondern für Lili. »Deshalb währte es nicht lange«, schreibt er, »als sie mir in ruhiger Stunde die Geschichte ihrer Jugend erzählte, sie war im Genuß aller geselligen Vorteile und Weltvergnügen. Von frühem an ward ihre Eitelkeit aufgeregt und befriedigt; es ist Schade daß das Einzelne nicht aufbewahrt ist.« Er berichtet, wie das gegenseitige Sich-Mitteilen schließlich »bedenklich« wurde. Er hatte wohl nicht damit gerechnet, daß sich aus den Geständnissen unmerklich eine Zuneigung entwickeln könnte.

Lili gestand, daß es ihr schon immer leichtgefallen sei, Männer um den Finger zu wickeln. »Hiedurch gelangten wir durch hin- und widerreden auf den bedenklichen Punkt daß sie diese Gabe auch an mir geübt habe dadurch aber bestraft sei daß sie auch von mir angezogen worden.« Von nichts anderem war die Rede als von ihrer Anziehungskraft und seiner Verliebtheit – ein »bedenkliches« Terrain, denn Goethe war fortan ein eifersüchtiger Verehrer, obgleich Lili keinen Zweifel daran ließ, daß sie ihn allen anderen Männern vorziehe. Ihr Geständnis hatte zur Folge, »daß sie mich dadurch aufs allerstrengste sich zu eigen machte«. Aus der Begegnung beim Hauskonzert wurde eine aufwühlende Liebe. »Ein unbezwingliches Verlangen war eingetreten, ich konnte nicht ohne sie, sie nicht ohne mich sein ...«

»Ein wechselseitiges Bedürfnis, eine Gewohnheit sich zu sehen trat nun ein, wie wollt ich manchen Tag, manchen Abend bis in die Nacht hinein entbehren, wenn ich mich nicht in ihre Zirkel fände.« Lili alleine sah er gern, ihre »Zirkel« aber waren quälend für ihn. »Diese Qual war für mich höchst peinlich; mein Verhältnis zu ihr war von Person zu Person, zu einer schönen liebenswürdigen gebildeten Tochter –«. Sie besaß alles, was er suchte: Schönheit und Güte, Bildung und Geist.

Daß Goethes Urteil nicht nur der Blick eines blind Verliebten war, wird durch Dritte belegt, etwa durch den Züricher Theologen und Schriftsteller Johann Caspar Lavater, der Lili 1783 in Straßburg besuchte. Lavater schrieb in sein Tagebuch: »Die herzlichste Bekanntschaft, die ich in Straßburg machte, war die mit der Frau Liese Türckheim.«[8] Er hatte sie in großer Verzweiflung angetroffen, unglücklich über den Tod eines kleinen Sohnes, bedrückt von täglichen Auseinandersetzungen mit den alten Türckheims, ihren Schwiegereltern. Lavater notierte: »Eine liebenswürdige Trübheit über ihr grades, bescheidenes, denkendes Gesicht verbreitet, gab ihr in meinen Augen einen hohen geistigen Wert.«

An Lilis Liebenswürdigkeit und ihren »hohen geistigen Wert« wurde Goethe erinnert, als er im März 1830 Lilis Enkelin kennenlernte, die 20jährige Tochter ihres Sohnes Karl, die Verwandte in Weimar besuchte und bei dieser Gelegenheit auch Goethe vorgestellt wurde. Während Eckermann sachlich bemerkte: »Sie ist so jung ... und zeigt eine so erhabene Gesinnung und einen so reifen Geist, wie man ihn bei solchem Alter selten findet«, hatte der Dichter seine verlorene Jugendliebe vor Augen. »Ich sehe die reizende Lili wieder in aller Lebendigkeit vor mir«, sagte er, »und es ist mir, als fühlte ich wieder den Hauch ihrer beglückenden Nähe. Sie war in der Tat die Erste, die ich tief und wahrhaft liebte«, bemerkte er bei dieser Gelegenheit. »Auch kann ich sagen, daß sie die Letzte gewesen; denn alle kleinen Neigungen, die mich in der Folge meines Lebens berührten, waren, mit jener ersten verglichen, nur leicht und oberflächlich.«

Alle seine Liebesverbindungen sollten nur »leicht und oberflächlich« gewesen sein, verglichen mit dieser einen? In Goethes Leben nehmen Frauen einen nicht unbedeutenden Platz ein. Schon der Fünfzehnjährige verehrte ein gewisses Gretchen, das ihm trotz seines lockeren Lebenswandels gut gefiel. Er schwärmte für Cornelias Jugendfreundin Charitas Meixner, der er kühne Briefe schrieb, und für die »Empfindsame« Henriette von Roussillon, die er in Darmstadt besuchte und deren frühen Tod er beklagte. In Leipzig lernte der Achtzehnjährige die anmutige Gastwirtstochter Katharina Schönkopf kennen, die den eifersüchtigen Studenten zu erotischen Gedichten anregte. Während der Straßburger Studienzeit begegnete ihm die Pfarrerstochter Friederike Brion; ihr las er Shakespeare vor, für sie verfaßte er die schönsten Lieder.

In Wetzlar, wo der junge Doktor Goethe am Reichskammergericht praktizieren sollte, verliebte er sich in Charlotte Buff, die seit dem Tod der Mutter elf Geschwister zu versorgen hatte und mit Legationssekretär Kestner so gut wie verlobt war. Goethe entzog sich dem problematischen Dreiecksverhältnis durch Flucht, wobei er sich noch auf der Heimfahrt in die schwarzlockige Maximiliane La Roche verliebte. Das Erlebnis des Verzichts und die Erfahrung, der unwillkommene Dritte zu sein, gingen in den Roman *Die Leiden des jungen Werthers* ein.

In Frankfurt brachte ihn im Sommer 1774 ein von Freunden angeregtes Mariage-Spiel, bei dem man durch Los probeweise »vermählt« wurde, mit Susanna Magdalena Münch zusammen, die so liebenswert und häuslich war, daß selbst Goethes Vater Wohlwollen äußerte und die Mutter die Räume im oberen Stockwerk begutachtete, ob sie sich als Wohnung für ein junges Paar eigneten. Sie ließ sogar die Küche modernisieren, weil sie sich Magdalena Münch als Schwiegertochter erhoffte.

Doch dann begegnete Goethe im Januar 1775 Lili Schönemann. Sie war die erste, mit der er ernsthaft vom Heiraten sprach, sie blieb die einzige, mit der er sich verlobte. »Gefühl eines wechselseitigen unbedingten Behagens, die volle Überzeugung eine Trennung sei unmöglich« und die Hoffnung, die »Hand der Geliebten zu gewinnen ...«, notierte Goethe später. Doch wieder fürchtete er den entscheidenden Schritt. Er floh vor einer Anstellung. Er floh vor der Ehe.

Noch am Ende des gleichen Jahres, das mit der Liebe zu Lili begonnen hatte, lernte er nach seiner Ankunft in Weimar Charlotte von Stein kennen. Weiblich und kultiviert, erfahren und geduldig, war die sieben Jahre ältere, verheiratete Frau von Stein mit schwarzem Haar und dunklen Augen gewissermaßen das Gegenteil der blonden und blauäugigen Lili. Sie war eine kluge Frau, die Goethes Launen mit Nachsicht ertrug, ihn förderte und ihn bei seinen literarischen Arbeiten unterstützte. In fast zweitausend Briefen hat Goethe ihr seine Liebe beteuert. »Ach, Du warst in abgelebten Zeiten / meine Schwester oder meine Frau ...« Noch nach zehn Jahren eines fast täglichen Beisammenseins schrieb er: »Ach liebe Lotte du weißt nicht ... daß der Gedanke, dich nicht zu besitzen, mich doch im Grunde, ich mags nehmen und stellen und legen wie ich will, aufreibt und aufzehrt.«[9] Nach der Italienreise trat Christiane Vulpius in Goethes Leben, sein »Bettschatz« und seine »liebe Kleine«, sein »Eroticon«, Mutter seines einzigen Sohnes August, mit der er sich nach Jahren eines gemeinsamen Hausstandes in Weimar trauen ließ.

Doch es gab auch weitere »Äugelchen«, wie Goethe seine Liebeleien nannte: junge Frauen wie Minna Herzlieb, deren Zartheit ihn zur Gestalt der Ottilie in den *Wahlverwandtschaften* inspirierte, Sylvie von Ziegesar, die er auf ihrem elterlichen Gut bei Jena besuchte, Marianne von Willemer, die ihm ihrerseits ergreifende Liebesgedichte sandte, welche Goethe – ohne ihren Namen zu nennen – in den *West-Östlichen Divan* aufnahm. Die letzte Neigung des alten Dichters galt in Marienbad Ulrike von Levetzow, die noch jünger war als seine Schwiegertochter Ottilie. Daß sein Antrag zurückgewiesen wurde, stürzte ihn in eine Krise, von der die *Marienbader Elegie* Zeugnis gibt.

Verblaßten später, als er sein Leben überdachte, alle diese Frauengestalten hinter der einen, der ersten großen Liebe? Lag der Grund darin, daß Lili Schönemann ein Angebot des Schicksals für ihn gewesen war, das er nicht ergriffen hatte? »Ich bin ... meinem eigentlichen Glücke nie so nahe gewesen, als in der Zeit jener Liebe zu Lili«. Noch aus dem späten Bekenntnis spricht unerfüllte Sehnsucht: »– und doch ging sie mir verloren«.

Nachdem sich Goethe mit Lili verlobt hatte, erschien sie ihm als Braut und zukünftige Frau zusätzlich zu ihrer Schönheit noch »würdig und bedeutend«, eine Persönlichkeit von Rang, die ihm angemessen war. Lili war die einzige, mit der er ein mögliches gemeinsames Leben erwog; bei ihr vermied er das sonst so gefürchtete Thema Heirat nicht. Zum ersten und einzigen Mal ging er als Bräutigam umher. Als er später, während der Niederschrift von *Dichtung und Wahrheit*, die Zeit mit ihr zu schildern unternahm, sagte er zu Eckermann: »Meine Neigung zu ihr hatte etwas so Delikates und etwas so Eigentümliches, daß es jetzt, in der Darstellung jener schmerzlich-glücklichen

Epoche, auf meinen Styl Einfluß gehabt hat. Wenn Sie künftig den vierten Band von Wahrheit und Dichtung lesen, so werden Sie finden, daß jene Liebe etwas ganz Anderes ist, als eine Liebe in Romanen.«

»Wo du, Engel, bist, ist Liebe und Güte«

Eine Liebe »wie in Romanen« war es nicht, sondern eine Liebe in der Wirklichkeit des Lebens. Wie sehr sie Realität war, bezeugen die neunzehn erhalten gebliebenen Briefe Goethes an eine ihm lange Zeit Unbekannte.

Am 28. Januar 1775, bald nach der Begegnung im Haus »Zum Liebeneck«, schrieb Goethe zum ersten Mal an eine anonyme Verehrerin. Sie hatte ihm nach der Lektüre des *Werther* spontan ihre Begeisterung mitgeteilt und um Antwort gebeten – unversehens wurde die Unbekannte zur Empfängerin seiner Zweifel, Leiden und Freuden. Ihr verbarg er die Ratlosigkeit nicht, die ihn seit der Bekanntschaft mit Lili überfallen hatte.

Noch wußte Goethe nicht, daß es sich bei der Fremden um die im kleinen Ort Uetersen nördlich von Hamburg lebende Schwester der Grafen Christian und Friedrich Leopold Stolberg handelte, mit denen er ein halbes Jahr später in die Schweiz reisen würde. Seine Korrespondentin war die zweiundzwanzigjährige Gräfin Augusta zu Stolberg-Stolberg. Ihr legt er in den kommenden Monaten, von innerer Unruhe getrieben, Rechenschaft über sich und seine komplizierte Lage ab. »Ich dachte mir sollts unterm Schreiben besser werden ...«

Was trieb ihn ausgerechnet zu dieser Fremden? »... ich fühle Sie können ihn tragen diesen zerstückten, stammelnden Ausdruck wenn das Bild des Unendlichen in uns wühlt. Und was ist das als Liebe! – « Er vertraut sich ihr an, eben weil sie fremd ist. »Sie fragen ob ich glücklich bin? Ja meine beste ich bins, und wenn ich's nicht bin so wohnt wenigstens all das tiefe Gefühl von Freud und Leid in mir. Nichts ausser mir stört, schiert, hindert mich. Aber ich bin wie ein klein Kind weis Gott.«

Seine Korrespondentin hatte im *Werther* von den Leiden eines romanhaft Verliebten gelesen – jetzt erfuhr sie von den wirklichen Leiden des Autors. Er weihte sie in alles ein. Auguste nahm teil am Entstehen und Vergehen einer Leidenschaft. Ihr allein schilderte Goethe das Abschiedsgespräch, den »grausam feyerlichst süsesten« Augenblick seines Lebens.

»Der teuern Ungenannten« gilt sein Brief vom 13. Februar 1775. Obwohl er nicht davon ausgehen konnte, sie jemals persönlich kennenzulernen, tritt das seltene »Du« an die Stelle des distanzierenden »Sie«. Da er wußte, daß sie von seinem *Werther* mehr als beeindruckt, nämlich hingerissen war, reagierte er nicht nur geschmeichelt, sondern wichtiger noch: Er fühlte sich verstanden. So kam es, daß er nicht den Eltern, nicht der Freundin der Mutter, Johanna Fahlmer, nicht nahen Freunden seine schwankenden Gefühle offenbarte, sondern ihr, der Fremden.

»Wenn Sie sich, meine liebe, einen Goethe vorstellen können, der im galonirten Rock, sonst von Kopf zu Fuse auch in leidlich konsistenter Galanterie, umleuchet vom unbedeutenden Prachtglanze der Wandleuchter und Kronleuchter, mitten unter allerley Leuten, von ein Paar schönen Augen am Spieltische gehalten wird, der in abwechselnder Zerstreuung aus der Gesellschafft, ins Conzert, und von da auf den Ball getrieben wird, und mit allem Interesse des Leichtsinns, einer niedlichen Blondine den Hof macht; so haben Sie den gegenwärtigen Fastnachts Goethe, der Ihnen neulich einige dumpfe tiefe Gefühle vorstolperte ...«

Schon dieser Brief offenbart den Zwiespalt, an dem er in

5 Auguste Gräfin zu Stolberg

Zukunft leiden wird. Inmitten des »Prachtglanzes« möchte Goethe am liebsten davonlaufen. Es ist das erste Mal, daß er seinen Unwillen über eine Gesellschaft äußert, die ihn mit ihren »unerträglichen Gesichtern« abstößt und zu der er nicht gehören will. Selbst Lili wird in dieser Umgebung mit leisem Spott bedacht. Sie ist hier nur »eine niedliche Blondine«, die ihn mit einem »Paar schöner Augen« am Spieltisch festhält.

In *Dichtung und Wahrheit* liest man es allerdings anders. Dort schwärmt Goethe vom Glanz jener »größeren glänzenden Gesellschaft«, in der ihm Lili besonders attraktiv erschien, da ihre

»Anziehungsgabe« sich hier erst eigentlich entfaltete. »Diejenige«, schreibt er, »die ich nur im einfachen selten gewechselten Hauskleide zu sehen gewohnt war, trat mir im eleganten Modeputz nun glänzend entgegen und doch war es ganz dieselbe, ihre Anmut, ihre Freundlichkeit blieb sich gleich nur möcht ich sagen, ihre Anziehungsgabe tat sich mehr hervor ...«

Er zeigt sich entzückt über Lilis »gesellige Tugenden«, darüber, daß sie sich im großen Rahmen ebenso selbstverständlich bewegte wie im Haus, wußte er doch nun, »sie sei auch weiteren und allgemeinen Zuständen gewachsen« – etwa einem Leben an seiner Seite. In seiner Autobiographie erscheint Lili als Gegenbild zur unglücklichen Friederike Brion, die ihm in ihrer ländlichen Tracht und einfachen Ausdrucksweise unter städtischen Menschen verfehlt vorkam. Lili hingegen paßt in die gesellschaftliche Pracht – er selbst ist es nun, der sich nicht am richtigen Platz fühlt.

Warum ziehst du mich unwiderstehlich
Ach in jene Pracht?
War ich guter Junge nicht so selig
In der öden Nacht.

Heimlich in mein Zimmerchen verschlossen
Lag im Mondenschein
Ganz von seinem Schauerlicht umflossen,
Und ich dämmert' ein.

Träumte da von vollen goldnen Stunden
Ungemischter Lust
Hatte schon das liebe Kind empfunden
Tief in meiner Brust.

Bin ich's noch den du bei so viel Lichtern
An dem Spieltisch hältst?
Oft so unerträglichen Gesichtern
Gegenüber stellst?

Reizender ist mir des Frühlings Blüte
Nun nicht auf der Flur;
Wo du, Engel, bist, ist Lieb und Güte
Wo du bist, Natur.

Aber immer ist die Freundin für ihn zugleich – neben der Gesellschaftsdame – die natürliche und naturverbundene, ihm mit ganzer Liebe zugeneigte schöne junge Frau: »Wo du, Engel, bist, ist Lieb und Güte / Wo du bist, Natur.«

Noch im März des Jahres 1775 wurde das Gedicht in der *Iris* veröffentlicht, wo Lili es lesen konnte, zur gleichen Zeit, in der Goethe Auguste Stolberg klagte, er sei zwischen Ball und Spieltisch hin- und hergerissen und komme sich im »galonierten Rock« wie ein wahrer »Fastnachts Goethe« vor. Aus seines Vaters Ausgabenbuch weiß man, daß dieser Gala-Anzug 50 Gulden gekostet hat, eine Summe, von der die Goethesche Köchin zwei Jahre gut hätte leben können.

Bestätigt wird sein »munteres Treiben« durch einen Brief des Zeichenlehrers Johann Melchior Kraus. Dieser meldete Bertuch am 5. März 1775: »G. ist jetzo lustig und munter in Gesellschaften, geht auf Bälle und tanzt wie rasend! Macht den Galanten beim schönen Geschlecht; das war er sonsten nicht. Doch hat er noch immer seine alte Laune. Im eifrigsten Gespräch kann ihm einfallen, aufzustehen, fortzulaufen und nicht wieder zu erscheinen ...«[10]

Woher die Unrast, die so offenkundig war, daß auch andere sie bemerkten? Goethe ist nicht glücklich, weil er in dieser Umgebung nicht sein kann, was er sein möchte: ein Dichter. Er selbst gibt dies als Erklärung an. Er schreibt Auguste: »Aber nun giebts noch einen, den im grauen Biber-Frack mit dem braunseidnen Halstuch und Stiefeln, der in der streichenden Februarluft schon den Frühling ahndet ..., der immer in sich lebend, strebend und arbeitend, bald die unschuldigen Gefühle der Jugend in kleinen Gedichten, das kräfftige Gewürz des Lebens in mancherley Dramas, die Gestalten seiner Freunde und seiner Gegenden und seines geliebten Hausraths mit Kreide auf grauem Papier nach seiner Maase auszudrücken sucht ... weil er arbeitend immer gleich eine Stufe höher steigt, weil er nach keinem Ideale springen, sondern seine Gefühle sich zu Fähigkeiten, kämpfend und spielend, entwickeln lassen will.«

Was Goethe erstrebt, ist künstlerische Produktivität. Er will Gedichte, Schauspiele, Dramen und Lieder schreiben, will zeichnen und malen, schaffen und hervorbringen. Dem nächsten Brief fügt er, damit Auguste seine wahre Passion kennenlernt, eine Zeichnung bei, worauf das Giebelzimmer zu erkennen ist, in dem er arbeitet und schläft. Man sieht Bett und Arbeitstisch, Silhouetten an der Wand, Mappen auf dem Fußboden, Stuhl, Staffelei und Notenpult – ein Künstlerzimmer, in dem sich die Doppel- und Dreifachbegabung des Dichters, Zeichners und Cellospielers spiegelt. Kein Jahr ist es her, daß er Knebel, dem Erzieher des jungen Herzogs von Sachsen-Weimar, als dieser im Hirschgraben zu Besuch weilte, aus seinem *Doktor Faust* vorgelesen hat. Ein neues Drama, *Egmont,* hat er begonnen, das Schauspiel *Stella* beendet. Dagegen sind die oberflächlichen Festivitäten der Schönemanns samt ihren prächtigen Wand- und Kronleuchtern »unbedeutend«. Im grauen Biberfrack, nicht im goldgestickten Anzug, hat Goethe sich für seine Eltern malen lassen.

»Noch eins was mich glücklich macht«, schreibt er an Auguste, »sind die vielen edlen Menschen, die von allerley Enden meines Vaterlands ... zu mir kommen ... Man weiss erst dass

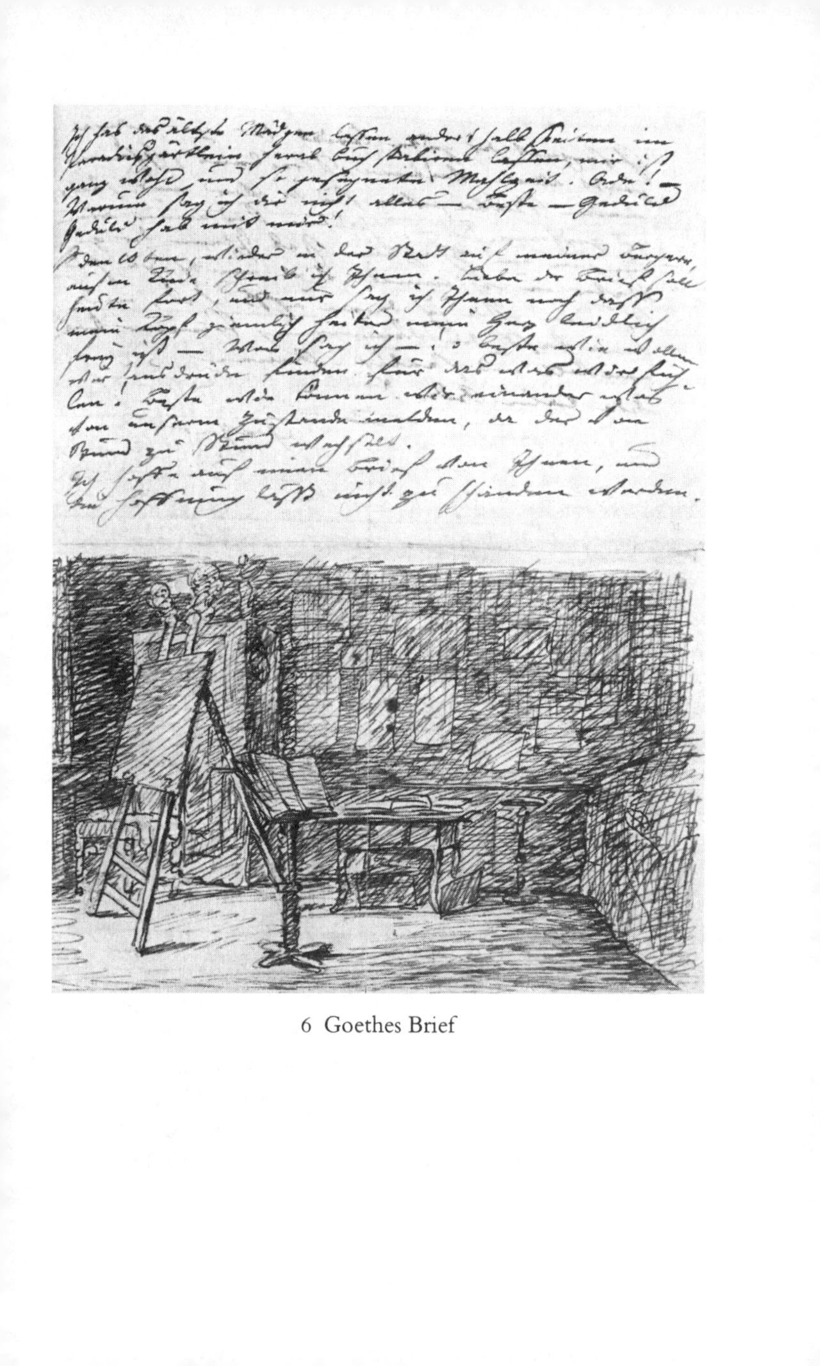

6 Goethes Brief

man ist wenn man sich in andern wiederfindet.« Er hat Fritz Jacobi wiedergesehen. Bürger hat ihm zum *Werther* einen Jubelbrief geschrieben und ihn mit Shakespeare verglichen. Lenz hat ein langes Gedicht geschickt. Die Schriftstellerin Sophie La Roche sucht ihn in Frankfurt auf, ebenso der berühmte Klopstock.

Während er der fernen Auguste seine Zweifel gestand, erlebte Johanna Fahlmer, treue Freundin des Hauses Goethe, aus nächster Nähe mit, wie er sich nach Lili sehnte. »Ich ging gestern von Ihnen grad nach Haus – von da – oho –«, beichtete er ihr. Immerhin möchte er die achtundzwanzigjährige, noch unverheiratete Johanna – die nach dem frühen Tod von Cornelia Schlossers zweite Frau wurde – in Lilis Kreise einführen. »Lili ist gar lieb und hat sie herzlich werth. Vielleicht thu ich Ihnen morgen meinen Vorschlag zur Promenaden mit Mama u. mir ... Bleiben Sie mir gut. G.«

Von Lili handelt jeder Brief, den er an Johanna Fahlmer schreibt, und jeder zeigt ihn aufgeregt und verliebt. »In mir ist viel wunderbaares neues, in drey Stunden hoff ich Lili zu sehn ... Nehmen Sie das Mädgen an Ihr Herz, es wird euch beyden wohlthun.«

»Liebende wissen kein Ende zu finden«

Je inniger die Beziehung zu Lili wurde, desto unruhiger erschien Goethe. Seine Lage war doppelt schwierig. Er fühlte sich unwiderstehlich gebunden, durch Zaubermacht gefesselt und in die Pflicht genommen – andererseits war nicht zu übersehen, daß Familie Schönemann ihn nicht mochte. Er war erleichtert, wenn er aus Frankfurt herauskam und Lili in Offenbach traf, wo ihre Verwandten lebten, drei miteinander befreundete Familien, bei denen er sich überaus wohl fühlte:

»Onkel« Johann Georg d'Orville mit Frau Rahel und ihren vier Kindern, Rahels Bruder, der Tabakfabrikant Nicolaus Bernard mit Frau und Kindern sowie der Komponist Johann André, bei dem Goethe gewöhnlich zu logieren pflegte. Sie alle bewohnten stattliche Häuser in der Herrengasse mit kunstvoll angelegten, von Madame Schönemann gerühmten Gärten. »Ofenbach am Mayn zeigte schon damals bedeutende Anfänge einer Stadt die sich in der Folge zu bilden versprach«, heißt es in *Dichtung und Wahrheit.* »Schöne für die damalige Zeit prächtige Gebäude hatten sich schon hervorgetan; Onkel Bernhard wie ich ihn gleich mit seinem Familientitel nennen will bewohnte das größte; weitläufige Fabrikgebäude schlossen sich an; D'Orville ein jüngerer lebhafter Mann von liebenswürdigen Eigenheiten, wohnte gegenüber. Anstoßende Gärten, Terrassen bis an den Mayn reichend überall freien Ausgang nach der holden Umgebung erlaubend, setzten den Eintretenden und Verweilenden in ein stattliches Behagen. Der Liebende konnte für seine Gefühle keinen erwünschtern Raum finden.«

Es ist das erste Mal, daß Goethe sich als »Liebenden« bezeichnet. »Liebende wissen kein Ende zu finden.« Das ist auch deshalb bemerkenswert, weil Goethe, als er den Text skizzierte, wußte, daß Lili noch lebte. Sie starb im Jahre 1817. Seine Notizen von 1816 lauten: »Verhältnis zu Lilli ... Reformierter Handelszirkel, reichliche, breite, gesellige Existenz; Einladung zum Konzert, Lili, Gestalt, Wesen, Klavier Spiel. Wechselseitiges Anblicken; Anziehungskraft. Behagen. Wiederkehr, Umgang. Eher heiter als liebend. Zutrauen, Vertrauen; Geschichte ihrer Jugend, früher Genuß aller geselligen Vorteile und Weltvergnüg[u]ngen ... Geständnis von mir auch angezogen zu sein. Wechselseitiges Vertrauen, bezüglich auf die nächsten Zustände. Gewohnheit sich zu sehen. Notwendigkeit in ihre Zirkel einzugehen. Für mich eine große Qual; verglichen mit Seßenheim und Wetzlar; beinahe unerträglicher gegenwärtiger

Zustand. Unbezwingliches Verlangen sich einander zu nähern ... Sie erlaubt sich die Eitelkeit, mich öffentlich zu beherrschen, da reine Neigung zum Grund liegt. Diese betrachtende Darstellung, in lebendige Anschauung und Mitgefühl zu verwandeln, singe man die Lieder: *Herz, mein Herz was soll das geben? Warum ziehst du mich unwiderstehlich?* Und, ähnliche, die man leicht herausfinden wird, und ein Hauch der Liebesluft die uns umwehete wird herüberkommen.«

Die zärtlichen Worte, mit denen er die »Liebesluft«, die ihn damals umgab, wieder einzufangen sucht, klingen fast melancholisch. Wenig später heißt es: »Geheime Beredung, Gefühl unmöglicher Trennung ... Man verspricht sich die Hand ... Mein Trugschluß, daß in unserm Hause alles auf eine Schwiegertochter eingerichtet sei ...«

Obwohl bereits 1816 skizziert, hat Goethe erst nach Lilis Tod diesen Teil seiner Autobiographie ausgeführt. Er wollte Rücksicht auf die verheiratete Frau und Mutter von fünf Kindern nehmen. Eckermann bestätigt dies ausdrücklich. Goethe habe am 5. März 1830 zu ihm gesagt: »Der vierte Band von *Wahrheit und Dichtung* ..., wo Sie die jugendliche Glücks- und Leidens-Geschichte meiner Liebe zu *Lili* erzählt finden werden, ist seit einiger Zeit vollendet. Ich hätte ihn längst früher geschrieben und herausgegeben, wenn mich nicht gewisse zarte Rücksichten gehindert hätten, und zwar nicht Rücksichten gegen mich selber, sondern gegen die damals noch lebende Geliebte. Ich wäre stolz gewesen, es der ganzen Welt zu sagen, wie sehr ich sie geliebt; und ich glaube, sie wäre nicht errötet, zu gestehen, daß meine Neigung erwidert wurde. Aber hatte ich das Recht, es öffentlich zu sagen, ohne ihre Zustimmung?« Andererseits sei es ihm unmöglich, sich mit Lili zu befassen, erklärt Goethe in den *Tag- und Jahresheften*, wenn nicht »durch liebevolle Vertraulichkeit«.

Im Hinblick auf die häufigen Besuche in Offenbach hatte

sich Goethe ebenfalls 1816 notiert: »Lustpartien aller Art. Schöne Garten-Umgebungen. Errichtung palastähnlicher Gebäude. Nähe des Mains. Glücklicher heiterer Himmel, schöne Jahreszeit ... Liebende wissen kein Ende zu finden ... Scherz der Liebenden; anmutige stille Versicherung, wie wert uns Gegenwart.« Wird auch der »Scherz« nicht aufgeklärt, an den er sich erinnert, so soll »stille Versicherung« wohl das unter Küssen beteuerte gegenseitige Liebesgeständnis bedeuten. »Durchaus glänzende Zeit ... Geburtstag des Pfarrers Ewald. Tischlied: *In allen guten Stunden.* Musik von Andrä. Besuch aus der Stadt, teilnehmend und sich wundernd.«

Auch diese Szenen hat er erst Jahre später ausgeführt, als Lili nicht mehr lebte. Der »Besuch aus der Stadt«, den Goethe erwähnt, könnten seine Eltern gewesen sein. Im Ausgabenbuch des Vaters ist unter dem 12. März 1775 der Eintrag zu finden: »Offenbacher Spazierfahrt 2 Gulden 24 Kreuzer«. Demnach fuhren die Eltern ebenfalls in die Gartenstadt hinaus, wo sie den Sohn mit Lili antrafen und die Mutter sich mit dem Musiker André befreundete, der ihr später bei der Flucht vor den Franzosen seine Kutsche leihen würde. »Teilnehmend und sich wundernd« – den Eltern wird manches von dem, was sie dort erlebten, erstaunlich genug erschienen sein.

Lili saß am Flügel, umringt von einer zahlreichen Gesellschaft. Man verteilte Partituren und sang Lieder nach Texten von Goethe, die André vertont hatte. Abends trug Sohn Wolfgang »viel und lebhaft« vor, unter anderem Bürgers Ballade *Lenore,* rezitierte eigene Gedichte und veranstaltete Stegreifspiele. »Poetische und Musikalische Blüten regneten nur so«, schreibt er in seinen Notizen. »Dieses alles aber, wie es auch sei, diente den Liebenden nur zur Verlängerung des Zusammenseins ... Unser offenbares Geheimnis wanderte so fort. Andere, mehr oder weniger versteckte Verhältnisse, schlichen unter der Decke.«

Lilis Erzählungen fesselten und regten ihn an. Sie benutzte Ausdrücke, die er nicht kannte, sagte »wie konfus« und »um alles Gold«; manches davon ging in seine Gedichte und in das Schauspiel *Stella* ein. »Es war die süßeste Konfusion, die ich in meinem Leben gefühlt habe«, heißt es dort. »Um alles Gold hätt' ich dich nicht wieder grad ansehen können.«[11]. So läßt Goethe die achtzehnjährige Stella sprechen, die Lili aufs Haar gleicht.

Vom Glück jener Tage ist in der Autobiographie wie in den Notizen die Rede. Anders liest man es in dem aufgewühlten, ja »überspannten« Brief vom 7. März 1775 an Auguste Stolberg, den Goethe in Offenbach begann. »Auf dem Land bey sehr lieben Menschen – in Erwartung – liebe Aug(u)ste – Gott weis ich bin ein armer Junge – d. 28 Febr haben wir getanzt die Fassnacht beschlossen – ... viel Freud und Lieb umgab mich – ... Was soll ich Ihnen sagen, da ich Ihnen meinen gegenwärtigen Zustand nicht ganz sagen kann, da Sie mich nicht kennen. Liebe! Liebe! Bleiben Sie mir hold – ... Groser Gott was ist das Herz des Menschen! – Gute Nacht. Ich dachte mir sollts unterm Schreiben besser werden – Umsonst mein Kopf ist überspannt ...«

Warum ist er »ein armer Junge«? Welche Zweifel martern ihn? Noch in der Nacht schrieb er weiter. Er fand keinen Schlaf, wollte in den Garten, »musste aber unter der Thüre stehen bleiben, es regnet sehr.« Früh wurde er durch Bauarbeiter geweckt, die für Monsieur d'Orville ein noch größeres und prächtigeres Haus errichteten. Er dankt Auguste für die übersandte Silhouette und fährt fort: »Heut war der Tag wunderbaar. habe gezeichnet – eine Scene geschrieben. O wenn ich iezt nicht dramas schriebe ich ging zu Grund.« Das ist sein eigentliches Geständnis. Ihn quält eine Seelennot, die er niemandem anvertrauen kann. »Warum sag ich dir nicht alles – Beste – Geduld Geduld hab mit mir!«

Noch in der gleichen Nacht wendet er sich auch an seine Schwester Cornelia in Emmendingen. Offenbar suchte er ihren Rat, von dem er früher schon oft profitiert hatte. An Bürger schrieb er: »Von meiner Verworrenheit ist schweer was zu sagen.« Er fürchtet die Zukunft, wie er andererseits fürchtet, das, wonach seine »Seele strebt« – so an Friedrich Jacobi – zu verlieren. »Will auch nicht an morgen u. übermorgen dencken drum Ade! ... Bleib bey mir lieber Friz – mir ist als wenn ich auf Schrittschuen zum erstenmal allein liefe und dummelte auf dem Pfade des Lebens, und sollte schon um die Wette laufen um das wohin all meine Seele strebt.«

Das Bild vom Schlittschuhlaufen – Schrittschuhe, sagte man damals – ist nicht aus der Luft gegriffen. »Wie Gott Merkur auf seinen geflügelten Schuhen« war er sich vorgekommen, als er im Winter am Main Schlittschuh lief und im Beisein seiner Mutter und einiger Frankfurter Freunde über die Fläche dahinglitt. »Grenzenlose Schlittschuhbahnen, glattgefrorne weite Flächen wimmelten von bewegter Versammlung. Ich fehlte nicht vom frühen Morgen an«, schreibt er in *Dichtung und Wahrheit*. Das war zu einer Zeit, als er Lili Schönemann noch nicht kannte, als er sich unabhängig, mutig und frei fühlte, wie er es im Gedicht formulierte:

Eislebens Lied

Sorglos über die Fläche weg
Wo vom kühnsten Wager die Bahn
Dir nicht vorgegraben du siehst
Mache dir selber Bahn! –

Jetzt heißt es im fünften Brief an Auguste Stolberg, geschrieben zwischen dem 19. und dem 25. März, begonnen in Frankfurt um elf Uhr nachts: »Mir ists wieder eine Zeit her für Wohl u. Weh, dass ich nicht weis ob ich auf der Welt bin, und da ist mir's doch als wär ich im Himmel.« Das klingt fast sarkastisch, zeigt auf jeden Fall eine große Unsicherheit. »d. 23. Abends bald sieben. Ich komme von meiner Mutter herauf, noch einige Worte dir o du liebe.« Auch mit seiner Mutter sprach er über seine Herzensangelegenheit, doch sie konnte diesmal die Probleme nicht wie sonst aus dem Weg räumen. Goethe beendet den Brief mit den fast verzweifelten Worten: »o dann lass mich auch nicht stecken edle Seele zur Zeit der Trübsaal, die kommen könnte ... Verfolge mich ... mit deinen Briefen dann, und rette mich vor mir selbst ...«

Ungeahntes Glück

Die Situation war bedrückend. Der Sohn aus gutem Hause, der mit dem *Götz* und dem *Werther* schriftstellerische Erfolge erzielt und die größten Geister Deutschlands wie Klopstock und Herder bei sich empfangen hatte, warb um Lili, ohne bei den Schönemanns die mindeste Anerkennung zu finden. Während Goethes Vater die Meinung vertrat, sein Sohn sei für den Geschäftsgeist dieser Emporkömmlinge nicht geboren, war er für Lilis vier Brüder – von denen er drei nicht ausstehen konnte – nicht wohlhabend genug. Ihre Ablehnung wird an einem Beispiel deutlich. Goethe, so berichtet er selbst, wollte mit Lilis jüngerem Bruder in der Kutsche nach Offenbach fahren. Der aber trödelte unterwegs absichtlich so lange, bis die ganze »wohldurchdachte Verabredung« verdorben war.

Noch kapitulierte Goethe nicht. »Wie sich nun meine Aussichten nach und nach verbesserten«, schreibt er in dem guten Glauben, man werde ihn endlich akzeptieren, zumal »ein so öffentliches Verhältnis« nicht länger vor aller Augen fortgesetzt

7 Catharina Elisabeth Goethe

werden konnte. Was hätte näher gelegen, als eine Beziehung, die bereits allgemein Anstoß erregte, endlich auch offiziell zu deklarieren?

Die Situation drängte zu einer Entscheidung. Lili und er waren sich einig, »daß Trennung unmöglich sei«. Sie hatten sich ausgesprochen. Doch angesichts des massiven Widerstands fand das Paar nicht den nötigen Mut. Goethes Eltern waren mit der Wahl ihres Sohnes ebensowenig einverstanden wie die Schönemanns. Zwischen beiden Familien, behauptet Goethe, habe sich kein gutes Verhältnis entwickelt. Sie waren zu verschieden; vor allem zwischen Catharina Elisabeth Goethe und

Suzanne-Elisabeth Schönemann scheint eine unüberbrückbare Kluft bestanden zu haben. Madame Schönemann, die ausschließlich französisch sprach und schrieb, bewegte sich in anderen Gesellschaftskreisen als die vier Jahre jüngere Rätin Goethe, die ihre musikalisch und künstlerisch begabten Freunde zu Konzerten und Lesungen ins Haus am Hirschgraben einzuladen pflegte. Für den Kaiserlichen Rat waren die Schönemanns Aufsteiger, die durch eine verschwenderische Lebensart, Bälle und Soupers zahlungsfähige Geschäftsfreunde für ihr Bankhaus gewinnen wollten. Daß sie als Reformierte einer anderen Konfession angehörten als er, der Lutheraner, vergrößerte die Kluft noch zusätzlich.

Unerwartet bekam das Paar Unterstützung von außen. Helena Dorothea Delph, eine Geschäftsfreundin der Schönemanns aus Heidelberg, die Lili seit Kindertagen kannte, kam zur Ostermesse nach Frankfurt. Goethe behauptet, sie sei die engste Vertraute von Lilis Mutter gewesen, und tatsächlich spielt Demoiselle Delph in den Briefen von Madame Schönemann, die erst in jüngster Zeit (1997) auf Schloß Dachstein im Elsaß gefunden wurden, eine große Rolle; sie hatte der Freundin sogar ihren jüngsten und schwierigsten Sohn, Jacques-Georges Schönemann, zur Erziehung anvertraut.

Demoiselle Delph durchschaute die Situation des jungen Paares sofort und ergriff die Initiative. Goethe führte die energische Dame persönlich im Hirschgraben ein, und es gelang ihr zu seinem Staunen, die Eltern davon zu überzeugen, der Heirat ihres Sohnes mit der sechzehnjährigen Anna Elisabeth Schönemann zuzustimmen. Ohne Zweifel machte Dorothea Delph großen Eindruck, denn Catharina Elisabeth Goethe, die nicht gern reiste, fuhr schon im Jahr darauf gleich zweimal nach Heidelberg. »Der Frau Räthin zur Heidelberger Reise 30 Gulden«, vermerkte der Kaiserliche Rat unter dem 5. Juli 1776 in seinem

8 Susanne Elisabeth Schönemann, Lilis Mutter

Liber domesticus, dem großen Haushaltsbuch. Goethe wohnte bei Demoiselle Delph, als er Frankfurt verließ; sein Sohn August besuchte sie während seines Studiums in Heidelberg, und Lili brachte nach der Flucht aus dem Elsaß 1794 ihre vier kleinen Söhne bei der alten Freundin unter.

Wie es die resolute Delph fertigbrachte, den doppelten Familienwiderstand zu brechen, blieb selbst für Goethe ein Rätsel – »... genug sie tritt eines Abends zu uns und bringt die Einwilligung. ›Gebt euch die Hände!‹ rief sie, mit ihrem pathetisch gebieterischen Wesen. Ich stand gegen Lili über und reichte meine Hand dar, sie legte die ihre zwar nicht zaudernd aber doch langsam hinein, nach einem tiefen Atemholen fielen wir einander lebhaft bewegt in die Arme.«

In Seidels Ausgabenbüchlein ist unter dem 21. und 28. April 1775 vermerkt, daß Goethe zwei kleine Herzen aus Gold gekauft hat, die man jeweils an einem Band um den Hals tragen konnte. Sein Glück war ungeahnt, wie verwandelt ging er umher, eine regelrechte »Sinnesveränderung« sei in ihm vorgegangen, sagt er selbst und betont die Einwirkung Gottes: »Es war ein seltsamer Beschluß des hohen über uns Waltenden daß ich in dem Verlaufe meines wundersamen Lebensganges doch auch erfahren sollte wie es einem Bräutigam zu Mute sei.« Dabei macht er in aller Deutlichkeit klar, welche erfreulichen Veränderungen eine Heirat mit sich bringen würde, denn »bei allgemein gefeiertem frommen Feste wird das Verbotene gefordert und das Verpönte zur unerläßlichen Pflicht erhoben«.

Er liebte Lili mehr als je zuvor, mit neuem Gefühl und großem Respekt. »Sie war eine doppelte Person, ihre Anmut und Liebenswürdigkeit gehörten mein, das fühlt ich wie sonst, aber der Wert ihres Charakters, die Sicherheit in sich selbst, ihre Zuverlässigkeit in allem, das blieb ihr eigen.« Er würde, so glaubte er, »zeitlebens« davon profitieren. Die gemeinsame Zukunft beglückte ihn, und der Stand des Bräutigams erfüllte ihn mit Genugtuung: »... es ist erfreulich sich jene Gefühle zu wiederholen die sich schwer aussprechen und kaum erklären lassen«.

Der Bräutigam, so überschrieb Goethe auch ein Gedicht, das vermutlich nach dem Gespräch mit Eckermann am 10. August 1824 über die »Lebensepoche« mit Lili entstand.[12] Es ist eines der rätselhaftesten Gedichte Goethes; er hat es nie erwähnt und nur anonym in die Privatzeitschrift Chaos seiner Schwiegertochter Ottilie 1829 veröffentlicht.

Um Mitternacht, ich schlief, im Busen wachte
Das liebevolle Herz als wär' es Tag;
Der Tag erschien, mir war als ob es nachte,
Was ist es mir, soviel er bringen mag.

Sie fehlte ja, mein emsig Tun und Streben,
Für sie allein ertrug ich's durch die Glut
Der heißen Stunde, welch erquicktes Leben
Am kühlen Abend! lohnend war's und gut.

Die Sonne sank und Hand in Hand verpflichtet
Begrüßten wir den letzten Segensblick,
Und Auge sprach, in's Auge klar gerichtet:
Von Osten, hoffe nur, sie kommt zurück.

Um Mitternacht der Sterne Glanz geleitet
Im holden Traum zur Schwelle, wo sie ruht.
O sei auch mir dort auszuruhn bereitet,
Wie es auch sei das Leben, es ist gut.

Das Gedicht beschwört die Erinnerung an den Bräutigamsstand herauf: Der Dichter steht an der »Schwelle, wo sie ruht«. Goethe hat Auguste Stolberg erzählt, wie er nach unruhiger Nacht in Offenbach an Lilis Tür trat, hinter der sie schlief. Die wachend verbrachte Nacht ist an das *Hohelied Salomonis* angelehnt, das Goethe zu dieser Zeit übersetzte. Das Gedicht erinnert aber auch an die im Lili-Kapitel von *Dichtung und Wahrheit* berichtete »Geschichte der im Freien verbrachten Nacht«. »Es war ein Zustand von welchem geschrieben steht: ›ich schlafe aber mein Herz wacht‹; die hellen wie die dunklen Stunden waren einander gleich, das Licht des Tages konnte das Licht der Liebe nicht überscheinen und die Nacht wurde durch den Glanz der Neigung zum hellsten Tage.

Wir waren beim klarsten Sternenhimmel bis spät in der freien Gegend umher spaziert und nachdem ich sie und die Gesellschaft von Türe zu Türe nach Hause begleitet und von ihr zuletzt Abschied genommen hatte, fühlte ich mir so wenig Schlaf daß ich eine frische Spazierwanderung anzutreten nicht säumte. Ich ging die Landstraße nach Frankfurt zu mich meinen Gedanken und Hoffnungen zu überlassen; ich setzte mich auf eine Bank, in der reinsten Nachtstille, unter den blendenden Sternhimmel, mir selbst und ihr anzugehören ... Ich war darauf weiter nach der Stadt zugegangen und an den Röderberg gelangt, wo ich die Stufen welche nach den Weingärten hinaufführen an ihrem Kalkweißen Scheine erkennen konnte. Ich stieg hinauf setzte mich nieder und schlief ein. Als ich wieder aufwachte, hatte die Dämmerung sich schon verbreitet ... Sachsenhausen lag vor mir, leichte Nebel deuteten den Weg des Flusses an; es war frisch, mir willkommen.

Da verharrt ich bis die Sonne nach und nach hinter mir aufgehend das Gegenüber erleuchtete. Es war die Gegend wo ich die Geliebte wieder sehen sollte, und ich kehrte langsam in das Paradies zurück, das sie, die noch Schlafende, umgab.«

Warum es statt zur Ehe zur Trennung kam, darauf gibt Goethe keine eindeutige Antwort. Seine Begründung bleibt merkwürdig unklar. Denn in seinem Lebensbericht schildert er Lilis Wesen in immer neuen Facetten. Alles an ihr faszinierte ihn. »Es gehörte zu Lili's anmutigsten Eigenheiten eine die hier durch Wort und Gebärde als *Streichen* ausgedrückt ist, wenn nämlich etwas gesagt oder gesprochen wurde, besonders indem man bei Tische saß, oder in der Nähe von einer Fläche sich befand ... Ohne das holde Gesicht zu verändern, strich sie mit ihrer rechten Hand gar lieblich über das Tischtuch weg und schob alles was sie mit dieser sanften Bewegung erreichte gelassen auf den Boden. Ich weiß nicht was alles, Messer, Gabel, Brot, Salzfaß auch etwas zum Gebrauch ihres Nachbars gehörig; es war jedermann erschreckt; die Bedienten liefen zu, niemand wußte was das heißen sollte, als die Umsichtigen, die sich erfreuten, daß sie eine Unschicklichkeit auf eine so zierliche Weise erwidert und ausgelöscht.

Hier war nun also ein Symbol gefunden für das Ablehnen eines Widerwärtigen, was doch manchmal in tüchtiger, braver, schätzenswerter, wohlgesinnter, aber nicht durch und durch gebildeter Gesellschaft vorzukommen pflegt. Die Bewegung mit der rechten Hand als ablehnend erlaubten wir uns alle, das wirkliche Wegstreichen der Gegenstände hatte sie sich in der Folge nur mäßig und mit Geschmack erlaubt.« Dieses »*Streichen*« hatte, erklärt Goethe, »seinen Ursprung von einer unendlich lieblichen Unart, die sie einmal begangen als ein Fremder bei Tafel neben ihr sitzend etwas Unziemliches vorbrachte«.

Für Lili muß die Verlobung mit Goethe ein Entschluß gewesen sein, der ihr angesichts der Vorwürfe der Mutter und des unverändert feindseligen Verhaltens ihrer Brüder nicht leicht gefallen sein kann. Sie hatte unter vielen Bewerbern diesen gewählt, war Goethes Braut geworden, hatte ein Leben an seiner Seite vor Augen. Doch einfacher wurde ihre Situation dadurch nicht. Von einer »Krise« ist bei Goethe die Rede. Zwar sei die von Demoiselle Delph erlangte Zustimmung von beiden Familien »stillschweigend« anerkannt worden, doch wie es weitergehen sollte, darüber hätten weder er noch Lili nachgedacht. Der Bräutigam, der über kein eigenes Einkommen verfügte, lebte noch immer vom Geld des Vaters, der in diesem Jahr 1775 allein 400 Gulden für ihn ausgab. Ohne finanzielle Grundlage aber, schreibt Goethe in *Dichtung und Wahrheit*, sollten junge Leute sich »keine Honigmonde« versprechen. Selbst die größte Leidenschaft scheitere am fehlenden Einkommen. Das allein kann jedoch nicht der Grund zur Trennung gewesen sein. Mit Unterstützung des Vaters und der Brüder Schlosser hätte er ohne weiteres eine gutgehende Rechtsanwaltskanzlei aufbauen können; genügend Fälle lagen schon bereit. Doch gerade die Aussicht, ein Leben lang ein beschränktes Advokaten- oder Schöffendasein in Frankfurt führen zu müssen, schreckte ihn ab. Er erklärt freimütig, daß er bessere Aufgaben erwartete: »von außen für mich schöne Aussichten zur Anstellung«. »Von außen«, das hieß Weimar. Statt eines Lebens in der bürgerlichen Enge Frankfurts lockte der Ruf des Herzogs Carl August.

In den Notizen von 1816 heißt es: »Das Pärchen überläßt sich der Freude und dem Zutrauen. Noch denkt man an keine äußere Form; aber auf die Mittel zu diesem bedeutenden Zweck. Mit einiger Nüchternheit mußte doch mein Haus und meine Häusliche Lage betrachtet werden. Hier schien Lili sich nicht einpassen zu wollen ...«

Das bedarf der Erklärung. Wieso sollte die liebenswürdige, anpassungsfähige und bereitwillige junge Frau »sich nicht einpassen«? Vorsichtig wird die Situation umschrieben. »Betrachtete ich nun aber mich in meinem Hause, und gedacht' ich sie hereinzuführen, so schien sie mir nicht zu passen ...«, ebenso wenig, wie er in ihre neumodischen Zirkel paßte. Man hätte das ganze Haus ändern müssen, und das war in dem teuren und prächtigen, wenn auch etwas altmodisch eingerichteten Bürgerhaus seines Vaters unmöglich.

Die reiche, von Jugend auf verwöhnte Bankierstochter würde größere Ansprüche stellen als »die mäßige, liebe, verständige, schöne, tüchtige sich immer gleiche neigungsvolle und leidenschaftslose« Magdalena Münch, die Goethes Mutter sich bereits als »Gehülfin« in der Küche vorgestellt hatte. Lili verlangte eigene Räume, eigene Gesellschaften, eigenes Personal. Nicht umsonst nannte Goethes Vater die Sechzehnjährige ironisch-böse eine »Staatsdame.« Es kam trotz der Verlobung zu keiner Familienfreundschaft. »... andere Religionsgebräuche, andere Sitten!, und wollte die Liebenswürdige einigermaßen ihre Lebensweise fortsetzen, so fand sie in dem anständig geräumigen Hause keine Gelegenheit keinen Raum.« Goethes Erklärung gibt das Argument wieder, das auch seine Schwester Cornelia gegen die unerwünschte Schwägerin vorbrachte.

Es findet sich allerdings in seinen Notizen noch ein anderer Grund, der zur Trennung geführt habe, wobei es bemerkenswert ist, daß Goethe die im Gespräch mit Boisserée und auch in den Vorarbeiten von 1816 und 1830 erwähnte Intrige in seiner Autobiographie nicht ausgeführt hat. Er notierte, daß er Lili, weil er zu arbeiten hatte, nicht immer sehen konnte. »Ein Freund ergreift diese Gelegenheit zu Geheimgesprächen. Er stellt den Liebenden vor, die Schwierigkeiten einer Verbindung. Ob in Auftrag oder aus eigenem Triebe, unentdeckt. Wahrscheinlich verrichtete er dasselbe Geschäft bei ihr ... Man meidet sich in Gesellschaft. Man sucht sich in flüchtigen Augenblicken, und findet sich wie sonst, aber mit Bangigkeit.« Der Unbekannte, dessen Inkognito nie gelüftet wurde, spielt in diesem Liebesdrama seine eigene Rolle. Ein Bruder von Lili kann es nicht gewesen sein, denn in den Notizen von 1830 fällt plötzlich die Bemerkung, der Fremde habe wohl aus »eignem eifersüchtigem Triebe« gehandelt. Es war demnach ein weiterer Bewerber um Lilis Hand, von denen mehrere Goethe Konkurrenz machten. Jacobi gegenüber deutete er an, er müsse »um die Wette laufen«.

Was die Verlobung der schönen Bankierstochter mit dem Verfasser des *Werther* betraf, scheinen in Frankfurt und Umgebung bald etliche Gerüchte in Umlauf gewesen zu sein. Sophie La Roche äußerte sich aus Ehrenbreitstein und fragte an, ob Goethe seiner Liebesleiden wegen »ein Pflaster« brauche. Im Februar 1776 schickte Heinrich Gottfried von Bretschneider, Schriftsteller und Diplomat in österreichischen Diensten, dem Verleger Nicolai in Berlin folgende Nachricht: »Ein Umstand, den ich noch nicht gewußt habe und der ihn bewogen haben soll, eine Zeitlang sich zu entfernen, ist dieser: Es ist in Frankfurt eine reiche Bankierswitwe Schönemannin, reformierter Religion, die eine artige Tochter hat, mit welcher sich Goethe schon lange führt. Er hielt endlich förmlich um sie an. Die Mutter bat sich Bedenkzeit aus, ließ nach einigen Wochen Goethen zum Essen bitten und deklarierte in einer großen Gesellschaft Goethes Ansuchen mit der Antwort, daß sich die Heirat wegen der Verschiedenheit der Religion nicht wohl schicke. Eine Grobheit, die G. freilich sehr übelnehmen mußte, weil sie ihm dieselbe ebensowohl hätte allein sagen können. Die Frau sagte aber, sie hätte der Sache auf einmal ein Ende zu machen kein besseres Mittel gewußt und sich bei einer Zusammenkunft tête à tête für seinem Disputieren gefürchtet.«[13]

Gegen die Wahrscheinlichkeit dieser Episode spricht ein Brief, in welchem Madame Schönemann drei Jahre später ihrer in Straßburg verheirateten Tochter Lili ihr Wiedersehn mit Goethe schildert: Sie habe in ihm den gleichen guten Freund gefunden, der er immer war.

Im 17. Buch von *Dichtung und Wahrheit* überdenkt Goethe die Voraussetzungen für eine Heirat, als erwäge er noch einmal seine damaligen beruflichen Möglichkeiten. In einer Stadt wie Frankfurt, bemerkt er, hätten sich ihm viele Stellen geboten, »Residentschaften, Agentschaften, die sich durch Tätigkeit grenzenlos erweitern lassen. Dergleichen bot sich auch mir dar, beim ersten Anblick vorteilhaft und ehrenhaft zugleich.« Es habe ihm aber die nötige »Kanzleitreuheit« gefehlt, eine solche Anstellung habe ebensowenig zu ihm gepaßt wie die Verbindungen mit den vornehmen Männern Frankfurts, die er in Lilis Kreisen kennenlernte: »... ich aber, aus einem Unabhängigkeitsgefühl welches mir später als Verrücktheit erschien, lehnte jede nähere Verknüpfung ab«. Die Hindernisse, Lili zu heiraten, waren, wie er sagte, »nicht unübersteiglich«. Sein Unabhängigkeitsgefühl aber hielt ihn von einer bürgerlichen Anstellung, sein Bedürfnis nach Freiheit von jeder Bindung zurück.

Wütend, böse und derb hat Goethe die Umstände, die einer Eheschließung vorangingen oder sie gar zu verhindern suchten, damals in der Posse *Hanswursts Hochzeit* verspottet. »Ich hatte ...«, schreibt er, »ein tolles Fratzenwesen ersonnen, welches den Titel: *Hanswursts Hochzeit* führen sollte; das Schema war folgendes: Hanswurst, ein reicher elternloser Bauernsohn, welcher so eben mündig geworden (wie er, der 25jährige Goethe), will ein reiches Mädchen, Namens Ursel Blandine, heiraten ..., das Ganze beruht eigentlich nur darauf, daß das Verlangen der jungen Leute, sich zu besitzen, durch die ... vorwaltenden unerläßlichen Umständlichkeiten hingehalten wird.« Dabei machte es ihm diebischen Spaß, »daß das gesamte Personal des Schauspiels aus lauter deutschherkömmlichen Schimpf- und Ekelnamen bestand«.

Boisserée berichtet, daß Goethe ihm Jahrzehnte später, am 3. Oktober 1815, in der Kutsche von Heidelberg nach Karlsruhe, die Geschichte seiner Liebe zu Lili erzählt habe: wie oft er den Pfad durch die Gerbermühle nach Offenbach zu ihr gegangen sei, welche Lieder er an sie gerichtet und wie sie dann doch getrennt worden wären durch einen Dritten – einen intriganten Freund, der das Verhältnis gestört habe. Religionsverhältnisse seien der erste Anlaß gewesen, da er lutherisch, sie reformiert aufgewachsen sei. »Wir waren unglücklich wie die Kinder, die ein Leid haben und es sich wechselseitig klagen – und nicht wissen warum.«[14]

Das war zu einem Zeitpunkt, da Lili noch lebte. Goethe wußte von ihr Einzelheiten wie die, daß sie von 1809 bis 1810 mit ihrem Mann Bernhard von Türckheim, der badischer Minister geworden war, in Karlsruhe residierte. Als sie sich der Stadt näherten, sagte er zu Boisserée: »Die Schönemann müßte auch da sein!« Nun sei er in Verlegenheit, seine Lebensbeschreibung fortzusetzen, da seine Jugendgeliebte noch lebe. Angerührt durch das Wiedersehen jener Orte, an denen er mit Lili glücklich war, diktierte er weitere Einzelheiten der Lili-Episode. Im Tagebuch vom 15. Dezember 1816 heißt es: »Diktiert. Briefe. Verhältnis zu Lili im 4. Band meines Lebens«.

»Sie kommt nicht!«

»Um diese Zeit meldeten sich die Grafen Stollberg an, die auf einer Schweitzerreise begriffen bei uns einsprechen wollten.« Sie hatten Goethe vorher nie gesehen, luden ihn aber schon nach wenigen Tagen der Bekanntschaft zum Mitfahren ein. Goethe war seit einem Monat verlobt, seine Braut erwartete ihn, er liebte sie – und dennoch begab er sich mit den Brüdern Stolberg und ihrem Freund, dem 23jährigen Jurastudenten Christian Graf Haugwitz, schon eine Woche später auf Reisen. Die merkwürdige Begründung lautet: »... früher war ich schon bei manchem Anlaß mobil geworden und gerade jetzt, im Augenblicke wo es drauf ankam einen Versuch zu machen ob man Lilli entbehren könne, wo eine gewisse peinliche Unruhe mich zu allem bestimmten Geschäft unfähig machte, schien mir ein solcher Anlaß, ein solcher Ruf willkommen«.

»Ob man Lili entbehren könne« – es ist zu vermuten, daß Goethe wieder eine Enttäuschung, eine Zurückweisung erlitten hatte. So jedenfalls steht es im Brief an Herder, zwei Tage vor dem Aufbruch: »Dem Hafen häuslicher Glückseeligkeit ... wähnt ich vor kurzem näher zu kommen, bin aber auf eine leidige Weise wieder hinaus in's weite Meer geworfen.« Er reise jetzt für kurze Zeit zu seiner Schwester. Wieder einmal war er bei den Schönemanns »auf leidige Weise« gescheitert. Und auch Lili war eigenwilliger, als ihm lieb sein konnte. In einem undatierten Brief an Rahel d'Orville, die ihn sehr mochte, klagt er: »Gestern führte mich ein böser Geist zu Lili in einer Stunde da sie mich so *ganz entbehren* konnte, da es denn meinem Herz ward als wenn's *gemangt* würde, und ich mich eilig fortmachte.« Es sind die gleichen Worte: Sie hatte ihn »*ganz entbehren*« können; nun wollte er seinerseits den Versuch machen, »ob man Lili entbehren könnte«.

Am 14. Mai 1775 verließen die vier Freunde Frankfurt. Goethes Eltern unterstützten den Plan; der Vater, der den Sohn mit reichlich Geld versorgte, riet sogar zu einer längeren Italienreise. »Gepackt war bald; mit einiger Andeutung, aber ohne Abschied, trennt' ich mich von Lilli; sie war mir so ins Herz gewachsen daß ich mich gar nicht von ihr zu entfernen glaubte. In wenigen Stunden war ich mit meinen lustigen Gefährten in Darmstadt.«

Einer der Gefährten, der 25jährige Friedrich Leopold Graf Stolberg, meldete seiner Schwester von der Reise, Goethe sei »ein wilder, unbändiger, aber auch sehr guter Junge. Voll Geist, voll Flamme. Und wir lieben uns schon sehr; seit der ersten Stunde waren wir Herzensfreunde. Wir vier sind, bei Gott, eine Gesellschaft, wie man sie von Peru bis Indostan umsonst suchen könnte. In Frankfurt haben wir uns alle Werthers Uniform machen lassen, einen blauen Rock mit gelber Weste und Hosen; dazu runde graue Hüte.«[15]

Während Goethes Abwesenheit sollte in Frankfurt sein neues Singspiel *Erwin und Elmire* mit der Musik von Kayser aufgeführt werden,[16] worin Lili sein Lied hören konnte:

Ihr verblühet süße Rosen,
Meine Liebe trug euch nicht;
Blühet, ach, dem Hoffnungslosen,
Dem der Gram die Seele bricht!

Jener Tage denk' ich traurend,
Als ich, Engel, an dir hing,
Auf das erste Knöspchen laurend
Früh zu meinem Garten ging.

Alle Blüten, alle Früchte,
Noch zu deinen Füßen trug,
Und vor deinem Angesichte
Hoffnung in dem Herzen schlug. –

Ihr verblühet süße Rosen – …

Begierig zu erfahren, welche Wirkung das Stück gehabt hatte, bat er Johanna Fahlmer um einen Bericht. »Und ob Lili drinn war?« fragte er. Die Schilderung, die ihm Johanna Fahlmer gab, fiel dann zu seiner Zufriedenheit aus. »Sie habens sehr lebhafft gefühlt, und sehr dramatisch erzählt. Mir wars lieber als die Vorstellung selbst.« Freundin Johanna wußte als einzige, wie sehr er sich durch eine gute Aufnahme des Stückes eine Verbesserung seiner Stellung im Hause Schönemann versprach: »Hoffe von der Vorstellung Erwins – … – Alles ist besser als ich dachte. Vielleicht weil ich liebe, find ich alles lieb und gut.« Im nächsten Brief: »Soviel diesmal vom durchgebrochnen Bären, von der entlaufenen Kazze! – – Ich habe viel, viel gesehen. Ein herrlich Buch die Welt um gescheuter daraus zu werden, wenns nur was hülfe.« Er glaubt offenbar selber nicht daran. »Könnt ich nur recht tief in die Welt. Vermuthe aber ich werde nächstens wieder bey euch seyn!« Es drängte ihn, zu Lili zurückzukommen.

9 Cornelia Goethe

Und doch, wenn ich, Lili, dich nicht liebte,
Wär', was wär' mein Glück?

Von Karlsruhe aus, wo er den Herzog Carl August von Sachsen-Weimar und seine Braut Louise von Hessen-Darmstadt traf, reiste er allein weiter nach Emmendingen, um seine mit dem badischen Hofrat Johann Georg Schlosser verheiratete Schwester zu besuchen. Am 28. Mai 1775 traf er dort ein.

Wie es scheint, hatte Goethe nicht nur Angst vor dem Wiedersehen mit Cornelia – schlimmer noch, er betrachtete den Besuch bei ihr als wahre »Prüfung« – bei einer Schwester, die ihm einmal das Liebste auf der Welt gewesen war. Sie hatte ihn verteidigt und angespornt und in literarischen Fragen beraten, sie war sein »Magnet« gewesen, der ihn stets von allen Reisen nach Hause gezogen hatte. Das hatte sich erst geändert, seit Cornelia, während er in Wetzlar weilte, sich mit dem ihm seit langem bekannten Johann Georg Schlosser verlobt hatte, einem klugen und gebildeten Juristen, aber keineswegs großen Geist. Darin verhielt sich Goethe nicht viel anders als Lilis Brüder: Für die geliebte Schwester hätte er sich einen anderen Ehemann gewünscht. Seit der Hochzeit 1773 hatte er Cornelia nicht wiedergesehen. Er wußte, daß sie in ihrer Ehe nicht glücklich war, und er kannte ihre Meinung, was seine Zukunft betraf: Strenger als die Eltern riet sie ihm von einer Verbindung mit Lili Schönemann ab.

Bei diesem einzigen Besuch, den Goethe der Schwester abstattete, muß sie ihm, verglichen mit Lili, noch häßlicher, auch unduldsamer und strenger erschienen sein, als er sie in Erinnerung hatte. Ihre Gesichtszüge, die er unansehnlich fand, die hohe Stirn, die gerötete Haut stießen ihn ab. »Zu allem diesem ist noch ein Wundersames zu offenbaren, in ihrem Wesen lag nicht die mindeste Sinnlichkeit«, merkt er an; darum habe er sich Cornelia immer nur als Äbtissin, nie als Ehefrau vorstellen können. Deutlicher kann der Gegensatz zu Lili nicht benannt werden.

Wie ein Stein lag es ihm auf der Seele, daß die Schwester ihm tatsächlich die sofortige Trennung von Lili befahl. Allerdings sei sie durch einen »Ohrenbläser von Freund« manipuliert worden – ähnlich wie Lili durch den intriganten Unbekannten. Cornelia untermauerte ihre ablehnende Haltung mit der gleichen Begründung, wie Goethe sie auch in Frankfurt zu hören bekam: Des Vaters »löbliches aber doch nicht zu bedeutenden

Gesellschaften geeignetes Haus«, in dem er in Zukunft mit Lili wohnen wolle, sei für die anspruchsvolle junge Frau aus reichen und glänzenden Verhältnissen ungeeignet, und die Eltern – ein schweigsamer, allenfalls lehrhafter Vater und eine häusliche, die Gemütlichkeit schätzende Mutter – stellten für seine Braut nicht die passende Umgebung dar. Cornelia nahm ihm das Versprechen ab, die Verlobung zu lösen. Niedergeschlagen fuhr er nach Zürich weiter.

Am 15. Juni unternahmen Goethe und die Brüder Stolberg zusammen mit Lavater, dem Musiker Kayser und Jakob Ludwig Passavant einen Bootsausflug auf dem Züricher See. Am Morgen des Tages trug Goethe in sein Reisetagebuch die Verse ein:

Ich saug an meiner Nabelschnur
Nun Nahrung aus der Welt.
Und herrlich rings ist die Natur
Die mich am Busen hält.
Die Welle wieget unsern Kahn
Im Rudertackt hinauf
Und Berge Wolcken angethan
Entgegnen unserm Lauf.

Er schrieb noch eine weitere Fassung des Gedichts *Auf dem See*, das er Lili schenkte. Sie nahm es mit ins Elsaß, wo es trotz ihrer Flucht vor den Franzosen, Wohnungswechsel und Kriegsereignissen erhalten blieb. Ihr handschriftliches Exemplar, das in manchem von der in der *Ausgabe letzter Hand* veröffentlichten Fassung abweicht, wurde erst im Jahre 1999 auf Schloß Dachstein im Elsaß, dem Wohnsitz ihrer Nachkommen, entdeckt. Lilis Blatt trägt die Überschrift *Zurchseefahrt im Juni 1775*.

Und frische Kraft u. frisches Blut
Trink ich aus neuer Welt,
Wie ist Natur so hold u. gut
Die mich am Busen hält.
Die Welle wieget unsern Kahn,
Im Rudertakt hinauf
Und Berge, Wolken angethan
Entgegnen unserm Lauf.

Liebes Aug was sinkst du nieder?
Goldne Träume kommt ihr wieder?
Weg du Traum so Gold du bist!
Hier auch Lieb und Leben ist

Auf der Welle blinken
Tausend schwebende Sterne
Holde Nebel trinken
Rings die türmende Ferne
Morgenwind umflügelt
Die beschattete Bucht
Und im See bespiegelt
Sich die reifende Frucht.

Oberried vom Berge.
Wenn ich liebe Lili dich nicht liebte
Welche Wonne gäb mir dieser Blick!
Und doch liebste Lili wenn ich dich nicht liebte,
Wär? Was wär mein Glück.[17]

Nicht nur in den Bergen und *Auf dem See* – in jeder Landschaft, bei jeder Gelegenheit dachte Goethe an Lili. Friedrich Leopold Stolberg schrieb seiner Schwester: »Ob er noch weiter mit uns geht, weiß ich nicht; einesteils hat er große Lust, nach Italien zu gehen, zum andern zieht ihn sein Herz nach Frankfurt zurück.«[18] Als man in Maria Einsiedeln die Kirche besichtigte, interessierte sich Goethe in der Schatzkammer unter allen Kleinodien und Schmuckstücken hauptsächlich für eine kleine, vorzüglich gearbeitete Krone aus Gold. »Ich erbat mir die Erlaubnis das Krönchen hervorzunehmen; und als ich solches in der Hand anständig haltend in die Höhe hob, dacht' ich mir nicht anders als ich müßte es Lili auf die hellglänzenden Locken aufdrücken, sie vor den Spiegel führen und ihre Freude über sich selbst und das Glück das sie verbreitet gewahr werden ... Da wäre es wohl der Mühe wert der junge König zu sein, der sich auf diese Weise eine Braut und ein neues Reich erwürbe.« Der Bräutigam dachte an Hochzeit.

Am 23. Juni befinden sich die Freunde auf dem Sankt Gotthard. Man will Goethe überreden, mit nach Mailand zu reisen, und er schwankt, ob er tatsächlich nach Italien gehen oder umkehren soll. Daß es der Tag von Lilis siebzehntem Geburtstag ist, verschweigt er. Stattdessen verlegt er ihren Geburtstag an eine andere, »falsche« Stelle in *Dichtung und Wahrheit.* Das hat einen Grund. Mit der Geburtstagsfeier will er motivieren, warum er ein Stück mit dem Titel *Sie kommt nicht!* geschrieben hat. Es handelt sich dabei um eine bewußte Irreführung: Nicht Lilis Geburtstag war der Anlaß für das Stück. Die Offenbacher Verwandten hatten vielmehr die Verlobung durch ein schönes Fest noch nachträglich feierlich begehen wollen. Goethe verrät es in einem einzigen Satz.

»Lili's Geburtstag welcher den 23. Juni 1775 sich zum 17. Mal wiederholte«, behauptet er, sollte besonders gefeiert werden; »sie hatte versprochen am Mittag nach Offenbach zu kommen«. Er sei noch mit Vorbereitungen beschäftigt gewesen, als ihr jüngster, damals fünfzehnjähriger Bruder Jacques-Georges, ein Tunichtgut, der seiner Schwester später große

Sorgen machte, »ziemlich ungebärdig ins Zimmer trat« mit der unerfreulichen Nachricht, daß aus dem Tag nichts werden könne, Lili dürfe erst abends nach Offenbach fahren. Sie bitte aber Goethe dringend, die Peinlichkeit der Situation auf eine geschickte Weise zu überbrücken.

Dazu war Goethe sofort bereit. In kürzester Zeit entwarf er das kleine Drama mit dem Titel *Sie kommt nicht!* Darin ließ er alle Mitglieder der Offenbacher Familien Bernhard und d'Orville einschließlich des Komponisten André und des Dienstpersonals nacheinander auftreten und ihre Meinung zum Ausbleiben Lilis auf charakteristische und mutwillige Weise äußern. Ein Bote brachte das auf Seidenpapier geschriebene Stück früh am Morgen nach Offenbach, wo die humorvoll gewürzten Szenen von allen Beteiligten mit solchem Eifer aufgeführt wurden, daß man am Abend Lili in großer Heiterkeit empfing.

Vermutlich verlegt Goethe dieses Ereignis deswegen auf Lilis Geburtstag, um den wahren Sachverhalt nicht preisgeben zu müssen. Doch fast unfreiwillig verrät er den Grund. »Es bedurfte keines sonderliches Scharfsinns«, schreibt er, »um zu bemerken daß ihr Ausbleiben von dem ihr gewidmeten Feste nicht zufällig, sondern durch Hin und Herreden über unser Verhältnis verursacht war ...«

Der Bräutigam nahm seine Zuflucht in der Dichtung, nur so konnte er die Kränkung verwinden und die Ursache vertuschen. Sein Stück *Sie kommt nicht!* half auch den Verwandten über ihre Enttäuschung hinweg. Lili, die sich am Abend wunderte, daß gerade ihr Wegbleiben zur allgemeinen Heiterkeit beigetragen hatte, wird erleichtert gewesen sein. »Man erzählte ihr alles, man trug ihr alles vor, und sie nach ihrer lieben und süßen Art, dankte mir wie sie allein nur konnte.«

In Wirklichkeit befand sich Goethe an ihrem Geburtstag, dem 23. Juni 1775, fern von seiner Braut in der Schweiz und zusätzlich auf einem Scheidewege: Sollte er nach Italien gehen oder nach Frankfurt zu Lili zurückkehren? Der Tag scheint ihm die Entscheidung erleichtert zu haben, das besagt auch die Eintragung im Schema: »Ich sondere mich von der Gesellschaft und mache mit Baßavand (Passavant) einen Zug auf den Gotthardt. / Maria Einsiedeln. / Schwytz. / Altdorf. / Der Gotthardt selbst. / Wundersamer Eindruck dieses Gebirgs, der sich in eine fixe Idee verwandelt, die ich nie los geworden. / Versuch nach Aerolo hinabzugehen. / Durch Lilis Andenken kontrabalanciert. / Wir kehren um.«

»... sei es nur gestanden«, schreibt Goethe, »das was mich so lange ganz umfangen, meine Existenz getragen hatte, blieb auch jetzt das unentbehrlichste Element, aus dessen Grenzen zu treten ich mich nicht getraute. Ein goldnes Herzchen, das ich in schönsten Stunden von ihr erhalten hatte, hing noch an demselben Bändchen, an welchem sie es umknüpfte, lieberwarmt an meinem Halse. Ich faßte es an und küßte es; mag ein dadurch veranlaßtes Gedicht auch hier eingeschaltet sein:

Angedenken du verklung'ner Freude,
Das ich immer noch am Halse trage,
Hältst du länger als das Seelenband uns beide?
Verlängerst du der Liebe kurze Tage?

Flieh ich, Lili, vor dir! Muß noch an deinem Bande
Durch fremde Lande
Durch ferne Täler und Wälder wallen!
Ach! Lilis Herz konnte so bald nicht
Von meinem Herzen fallen.

Wie ein Vogel, der den Faden bricht
Und zum Walde kehrt,
Er schleppt, des Gefängnisses Schmach,

Noch ein Stückchen des Fadens nach,
Er ist der alte freigeborne Vogel nicht,
Er hat schon jemand angehört.«

Eckermann hat im August 1824 für diesen Abschnitt von Goethes Leben in *Dichtung und Wahrheit,* den er am lebendigsten fand, einen Plan entworfen. »Das dritte Buch schlösse mit dem Versuch einer Trennung von Lili. Dieses vierte beginnt daher sehr passend mit der Ankunft der Stolberge und Haugwitzens, wodurch die Schweizerreise und mithin die erste Flucht von Lili motiviert wird. Das über dieses Buch vorhandene ausführliche Schema verspricht uns die interessantesten Dinge und erregt den Wunsch nach möglichst detaillierter Ausführung auf das Lebendigste. Die immer wieder hervorbrechende nicht zu unterdrückende Leidenschaft zu Lili durchwärmt auch dieses Buch mit der Glut jugendlicher Liebe und wirft auf den Zustand des Reisenden eine höchst eigene, angenehme, zauberische Beleuchtung.«

In Goethes Schema von 1816 steht:
»Schweitzerreise.
Lavater.
Genie. Geniestreiche.
Dramatisierwut.
Unkluge Rückkehr«.

Mit anderen Worten: Auf der Rückreise machte Goethe bei Johann Caspar Lavater in Zürich Station, mit dem er über seine Liebe zu Lili sprach, woraufhin ihm der erfahrene Freund zur Heimreise riet. Im Schema von 1831 steht es noch deutlicher:
»Größere Intimität mit Lavater.
Innige Einsicht in diesen außerordentlichen Menschen ...
Weisheit und Klugheit seines Betragens ...
Fieberhafte Erneuerung der Neigung zu Lili.

Ungeschickte Nötigung zur Rückkehr«.

Als »unklug« bezeichnete Goethe seine Rückkehr. Später soll er erfahren haben, daß Lili unter jeder Bedingung bereit gewesen wäre, ihr Leben mit ihm zu teilen, selbst wenn sie nach Amerika hätte auswandern müssen. »Wohlwollende hatten mir vertraut,« bemerkt Goethe in *Dichtung und Wahrheit* nicht ohne Stolz, »Lili habe geäußert, indem alle die Hindernisse unsrer Verbindung ihr vorgetragen worden: sie unternehme wohl aus Neigung zu mir alle dermaligen Zustände und Verhältnisse aufzugeben und mit nach Amerika zu gehen. Amerika war damals vielleicht noch mehr als jetzt das Eldorado derjenigen die in ihrer augenblicklichen Lage sich bedrängt fanden.« Der Dichter geht auf diesen Plan ein, als wolle er seine damalige Haltung nachträglich entschuldigen. »Aber eben das was meine Hoffnungen hätte beleben sollen, drückte sie nieder. Mein schönes väterliches Haus, nur wenig Hundert Schritte von dem ihrigen, war doch immer ein leidlicher zu gewinnender Zustand als die über das Meer entfernte ungewisse Umgebung; aber ich leugne nicht, in ihrer Gegenwart traten alle Hoffnungen alle Wünsche wieder hervor ...«

»Ein verwünschter Zustand«

Nach zehn Wochen Abwesenheit traf Goethe in Frankfurt ein. Am 22. Juli 1775 war er wieder bei seinen Eltern im Hirschgraben. Das Ausgabenbüchlein, vom Diener Philipp Seidel geführt, vermerkt unter dem 23. Juli: »6 Stück zinnerne Rüstwägen, 4 Stück Canonen, 2 Schachteln = 2 Gulden«.[19] Das Spielzeug war für die Kinder d'Orville und André in Offenbach bestimmt. Am 26. Juli wurden Blumen gekauft; man darf annehmen: für Lili.

Entgegen seiner Notiz *Unkluge Rückkehr* schildert Goethe in

Dichtung und Wahrheit sein Heimkommen als erfreulich: »wohl empfangen von jedermann, auch von meinem Vater«, obwohl der Kaiserliche Rat enttäuscht war, daß sein Sohn so kurz vor dem Ziel nicht auch nach Italien gereist war, wo er selbst eine glückliche Zeit verbracht hatte. »Wer Neapel nicht gesehn, habe nicht gelebt«, war seine Meinung.

»Ich vermied nicht und konnte nicht vermeiden Lili zu sehen«, schreibt Goethe in *Dichtung und Wahrheit*, »es war ein schonender zarter Zustand zwischen uns beiden«. Das Wiedersehen mit Lili wurde jedoch überaus peinvoll. Das Wort »unklug« aus dem Schema wird sich auf die schwierige Situation beziehen, in die er sich nun mehr denn je verstrickt sah. Ihre Verwandten hatten seine Abwesenheit benutzt, um Lili von seiner Treulosigkeit zu überzeugen. Schon die plötzliche Reise war ein unwiderlegbares Argument. »Ich war unterrichtet man habe sie in meiner Abwesenheit völlig überzeugt sie müsse sich von mir trennen ...«

Eine ähnliche Auskunft gibt später auch Ferdinand Eckbrecht Graf Dürckheim, der Lilis Enkelin Mathilde von Türckheim heiratete. Dürckheim berichtet in seinen Erinnerungen, Lilis Tochter, die er in Schloß Dachstein kennenlernte, habe ihm erzählt, daß Lili während Goethes Reise nach und nach von ihrer Mutter auf eine Trennung vorbereitet worden sei, indem man ihr von seinem früheren Verhältnis zu Friederike Brion erzählt habe.

Ein Beweis, daß er den Roman seines Lebens nicht erfand, sondern seine Liebesgeschichte sich noch dramatischer abspielte als in *Dichtung und Wahrheit* geschildert, sind auch die nach der Schweizreise geschriebenen Briefe an Auguste Gräfin Stolberg »im Norden«. Er hatte während der Reise von ihren Brüdern viel über sie erfahren, so daß er jetzt noch vertraulicher wurde als zuvor. »Ich will Ihnen schreiben Gustgen liebe Schwester, ob ich gleich, wäre ich iezt bey Ihnen schwerlich reden würde.« Der Brief entstand zwischen dem 25. und 31. Juli 1775. »Bin wieder in Franckfurt, habe mich von unsern Brüdern in Zürch getrennt, schweer ward's uns doch …

Den 31. Jul. Wenn mirs so recht weh ist, kehr ich mich nach Norden … Ich muss noch viel herumgetrieben werden, und dann einen Augenblick an Ihrem Herzen! – Das ist immer so mein Traum, meine Aussicht durch viel Leiden. – Ich habe mich so offt am Weiblichen Geschlecht betrogen – O Gustgen wenn ich nur einen Blick in Ihr Aug thun könnte! – Ich will schweigen –«

Wer von »Leiden« schreibt, ist alles andere als glücklich. Doch gerade an jenem Abend, an dem Goethe den Brief beendete, nahm er an einem Hauskonzert bei Maximiliane Brentano teil, von deren schwarzen Augen er nicht nur im *Werther* schwärmte. »Gestern abend liebe Mama«, schrieb er am folgenden Morgen, dem 1. August 1775, an ihre Mutter Sophie La Roche, »haben wir gefiedelt und gedudelt bei der guten Max«. Er selbst spielte Cello. Allerdings ist auch dieser Brief nicht ohne Melancholie. »Es ist doch immer eine freundliche Zuflucht, das *weiße Papier* im Augenblick der Noth ein wahrer theilnehmender Freund …«

Ohne ersichtlichen Grund wandte er sich, ebenfalls am 1. August 1775, an den Hofmeister des Prinzen Constantin in Weimar, Carl Ludwig von Knebel, der vor einem Jahr den Autor des *Werther* kennenlernte und ein begeistertes Urteil über den Roman fällte. Unter dem Vorwand, sein Stück *Claudine von Villa Bella* zurück zu erhalten, erkundigt sich Goethe nach »unserm Herzog«. Der Brief erweckt ganz den Eindruck, als wolle er sich rechtzeitig in Weimar wieder in Erinnerung bringen.

Bereits zu diesem Zeitpunkt sah er sich also nach einem Betätigungsfeld um, das möglichst außerhalb von Frankfurt liegen sollte. Die ihm gemachten fürstlichen Avancen bargen eine Chance, die wach gehalten werden mußte. Nach der Reise durch die Schweiz, den Erlebnissen einer ihn überwältigenden Natur müssen ihm die intriganten und spießigen Verhältnisse Frankfurts doppelt beklemmend und kleinlich vorgekommen sein.

In welcher Lage befand sich Lili, deren Mutter ihrem Bräutigam gegenüber eine unmißverständliche Skepsis äußerte, die sie auch später noch mit gewisser Genugtuung wiederholte? Sie mochte Goethe, doch als Ehemann ihrer einzigen Tochter, gar als Teilhaber der Bank, kam er nicht in Frage. Ihrer in Straßburg verheirateten Tochter konnte sie drei Jahre später mitteilen, Goethe habe nicht geheiratet und hege auch nicht die Absicht. Die Tatsache, daß er als Junggeselle in Weimar der Frau des Oberstallmeisters von Stein den Hof machte, wird auch bis zu ihr gedrungen sein.

Später sagte man, Lilis Bruder Johann Friedrich habe geäußert, es hätte seine Mutter »als eine durchaus praktische, in Allem mit Rechenschaft gebende Frau bald die Überzeugung gewonnen, daß Goethe ungeachtet seines hohen Geistes und seiner glanzvollen Eigenschaften nicht der Mann gewesen sei, der das Glück ihrer Tochter hätte begründen sollen«.[20]

Als wäre die Situation nicht schon schwierig genug, trafen zusätzlich noch die Zurechtweisungen der strengen Cornelia ein. »Freilich sehr verbietend und bestimmend waren die Gebote meiner Schwester«, erklärt Goethe, »sie hatte mir mit allem verständigem Gefühl dessen sie fähig war die Lage nicht nur ins Klare gesetzt, sondern ihre wahrhaft schmerzlich mächtigen Briefe verfolgten immer mit kräftiger Ausführung den selbigen Text.« Cornelia hatte selbst unter ihrer langen Verlobungszeit gelitten. Ihr Befehl hieß: Trennung von Lili. »Einige Monate gingen hin in dieser unseligsten aller Lagen.« Goethes Vater wollte den Sohn unter keinen Umständen in fürstliche Dienste treten sehen, die Schönemanns suchten die Ehe mit Lili zu verhindern.

Die Verzweiflung mußte jemandem mitgeteilt werde, der nicht in der Nähe lebte und ihn trotzdem verstand. Wiederum wandte sich Goethe an Auguste zu Stolberg. »Welche Verstimmung. O dass ich alles sagen könnte. Hier in dem Zimmer des Mädgens das mich unglücklich macht, ohne ihre Schuld, mit der Seele eines Engels, dessen heitre Tage *ich* trübe, *ich*!« Schuldgefühle, Hilflosigkeit. Die Reise habe nichts bewirkt. »Vergebens dass ich drey Monate, in freyer Lufft herumfuhr ...« In Offenbach bei Lili sei er wieder »so beschränckt als ein Papagey auf der Stange ...«

Die zerrissene Sprache, die exaltierten Gefühle, der Ton der Briefe ließen Auguste aufhorchen. Sie berichtete ihren Brüdern, daß diese Episteln »ganz à la Werther« mehr hingeworfen als an sie gerichtet seien. Dennoch blieb sie nicht unberührt davon, in welcher Verfassung Goethe, vor Kummer halbkrank, mehrmals täglich zum Schreibtisch lief, um ihr seinen unseligen Zustand hinzuschleudern wie »Hefetrüben Wein«. »Verzeihen Sie mir denn diese Verworrenheit und das all –.« Eher trotzig als überzeugt rief er ihr zu: »Ich kann doch nie ganz unglücklich seyn ...«

Ferdinand Eckbrecht Graf Dürckheim schreibt in seinen Erinnerungen, Lilis Tochter habe ihm gegenüber erwähnt, daß Goethe es »einen der größten Fehler seiner Jugend« genannt hätte, sich von Lili zu trennen. Goethes Eigenliebe habe ihn lange vor einer Veröffentlichung abgehalten und »einen vagen Schleier über die Trennung geworfen«.[21] Es war »ein verwünschter Zustand«, er fühlte sich, schreibt Goethe, »wie im Hades«.

Am 3. und am 26. August 1775 ist durch den Diener Philipp Seidel im Ausgabenbuch notiert: »nach Offenbach, Einlaß, Trinkgeld«.[22] Mit anderen Worten: Goethe kehrte jedesmal so spät in den Hirschgraben zurück, daß das Stadttor schon geschlossen war – nicht nur im Fall der »im Freien verbrachten Nacht«. In Offenbach, dem »Freudenland«, fühlte er sich wohl. Doch es gab auch dort Tage, an denen er voller Launen und »Unmuth« ohne ein Wort der Erklärung aus dem familiären Kreis floh.

Unter Lilis Papieren in Schloß Dachstein, wo sie auch Goethes Gedicht und seinen letzten Brief von 1807 aufbewahrte, fand sich ein Blatt mit seiner Handschrift, das erst 1910 veröffentlicht wurde.[23] Es ist ein Brief in Versen, gerichtet an Herrn und Frau d'Orville, deren vier Kinder Goethe ebenso zu nekken und zu beschenken pflegte wie in Wetzlar die jüngeren Geschwister von Charlotte Buff. Er wollte sich bei den d'Orvilles für sein Benehmen entschuldigen, für seine Unhöflichkeit und die Launen, die ihn wieder einmal vorschnell aus dem Haus getrieben hatten.

Lieber Herr Dorwille liebe Frau
Ich bitt euch nehmts nicht so genau;
Ihr kennt nun doch einmal den Affen,
Wisst ist nichts gescheuts mit ihm zu schaffen …

Er sitze im öden Frankfurt »in seiner Höll allein« und bereue seine Flucht doppelt, weil Lili an diesem Sonntagmorgen nicht ihren Fensterladen wie sonst für ihn öffnen werde. Schon wünscht er sich wieder nach Offenbach – wohin auch sonst, etwa mit den Eltern in die Kirche?

Was thät ich in der Kirche gar,
Da ich schon einmal im Himmel war.

Ich Hand in Hand mit Engeln sas,
Mich in dem Himmels blau vergaß,
Das aus dem süsen Auge winckt,
Drinn Lieb und Treu wie Sternlein blinckt.
Was hört ich an des Pfarrers Lehr',
Die doch nicht halb so kräftig wär',
Als wenn ihr Mündlein lieb und mild
Mich über Fluch und Unart schilt.
...
Frau Dorville,wo mag Lili seyn?
Ist sie in ihrer Stub allein? –
Sie hat die Stirn in ihrer Hand!
Was ist ihr in dem Freudenland?
Soll das ein böses Kopfweh seyn?
Oder ach! ists etwan andre Pein?

Er wendet sich an die d'Orvilleschen Kinder, bittet den kleinen Sohn, Lili statt seiner zu küssen (»Klettr ihr auf den Schoos, küss sie für mich«), läßt auch den alten Diener auftreten, der gewiß »untröstlich« sei, den »Herrn Doktor« nicht wie sonst vorzufinden. Schließlich kündigt er, wenn auch nicht gerade formvollendet, der Familie seine Rückkehr an:

Bin euch mit Leib und Seele nah.
Pliz! Plaz! So bin ich wieder da.

Zu Lili zog es ihn trotz allem. »Ich vermied nicht und konnte nicht vermeiden Lili zu sehen ...«. So widerwillig er sie im Frankfurter Zirkel traf, so gern sah er sie in Offenbach, wo man ihn herzlich begrüßte und umarmte. (»Ist allen so wohl ohn Unterlaß; / Ach lieber Gott, mir auch so was!«)

Wie unkompliziert es in den dortigen Häusern zuging, beschreibt er seiner Briefpartnerin Auguste im Brief vom 3. August 1775 sehr lebendig. »Hier fliest der Mayn, da drüben liegt *Bergen* auf einem Hügel hinter Kornfeld. Von der Schlacht bey Bergen haben Sie wohl gehört. da lincks unten liegt das graue Franckfurt mit dem ungeschickten Turn, das iezt für mich so leer ist als mit Besemen gekehrt, da rechts auf artige Dörfgen, der Garten da unten, die Terrasse auf den Mayn hinunter. – Und auf dem Tisch hier ein Schnupftuch, ein Pannier ein Halstuch drüber, dort hängen des lieben Mädgens Stiefel. NB. heut reiten wir aus. hier liegt ein Kleid, eine Uhr hangt da, viel Schachteln, und Pappedeckel, zu Hauben und Hüten – Ich hör ihre Stimme –– Ich darf bleiben, sie will sich drinne anziehen. – Gut Gustgen ich hab ihnen beschrieben wie's um mich herum aussieht . . .«. Aber er schreibt auch: »Lang halt ich's hier nicht aus ich muss wieder fort – Wohin! –«

An Lavater sendet er am gleichen Tag ebenfalls eine Nachricht. »Ich sizze in Offenbach, wo freylich Lili ist. Ich hab sie von dir gegrüst.« Am nächsten Tag: »Gestern waren wir ausgeritten. Lili, D'orwille und ich, du solltest den Engel im Reitkleide zu Pferd sehn! . . . Lili grüst dich auch! –«. Nachdem Goethe schon in Zürich von Lili geschwärmt hatte, entstand durch seine Vermittlung zwischen Lavater und der jungen Frau eine langdauernde Freundschaft, die ihr sehr hilfreich wurde. Als sich Lili von den alten Türckheims gemaßregelt und von der Gesellschaft geschnitten fühlte, nachdem das Bankhaus Schönemann Konkurs hatte anmelden müssen, wandte sie sich an Lavater. Resigniert und trostbedürftig schrieb sie: »Ich kannte das Glück, in freundschaftlichen Verbindungen zu leben . . .«[24]

Bei seinem Darmstädter Freund Johann Heinrich Merck beklagte sich Goethe am 8. August 1775 über eine neue Niederlage bei den Schönemanns. »Ich bin wieder scheissig gestrandet, und möchte mir tausend Ohrfeigen geben, daß ich nicht zum Teufel gieng, da ich flott war. Ich passe wieder auf neue Gelegenheit abzudrücken: nur möcht' ich wissen, ob du mir im Fall mit einigem Geld beistehen wolltest ...«

Er will fort und weiß nicht, wohin, und da er kein Geld hat, muß er sich nach seinem Vater richten. Johann Caspar Goethe wäre allenfalls bereit, dem Sohn eine Italienreise zu finanzieren. Merck solle dem Vater bei nächster Gelegenheit klarmachen, daß er ihn im Frühjahr nach Italien schicken müsse, »das heißt, zu Ende dieses Jahres muß ich fort«. Selbst an die ihm persönlich nicht bekannte Dichterin Anna Luise Karsch in Berlin schreibt er am 17. August aus Offenbach, er werde »vielleicht bald« sein Vaterland verlassen. Andererseits beteuerte er gegenüber Auguste, daß die Vorstellung, Lili könne ihm jemals »gleichgültig« werden, ihm das Herz zerreiße. Der Gedanke findet sich wieder in einem im August 1775 entstandenen Gedicht.

Sehnsucht

Dies wird die letzte Trän' nicht sein
Die glühend Herz auf quillet,
Das mit unsäglich neuer Pein
Sich schmerzvermehrend stillet.

O! laß doch immer hier und dort
Mich ewig Liebe fühlen;
Und mögt' der Schmerz auch also fort
Durch Nerv' und Adern wühlen.

Könnt' ich doch ausgefüllt einmal
Von dir, o Ew'ger! werden –
Ach diese lange, tiefe Qual
Wie dauert sie auf Erden!

Lili wird gewußt haben, wie es in jenen Augusttagen um Goethe bestellt war, der ohne Erklärung davonrannte und reumütig wiederkam, sich unschuldig schuldig fühlte und zwischen leidenschaftlicher Liebe und der Angst, sich für immer zu binden, zerrissen war.

Mit Beginn der Herbstmesse kamen alte Freunde des Bankhauses Schönemann nach Frankfurt, um ihre Geldgeschäfte zu tätigen. Wie schon die Jahre zuvor, besuchten sie das Haus »Zum Liebeneck«. Goethe war den Umgang solcher Leute nicht gewöhnt. »Notwendigkeit in ihre Zirkel einzugehen. Für mich eine große Qual. Verglichen mit Seßenheim und Wetzlar. Beinahe unerträglicher gegenwärtiger Zustand«, steht in den Notizen. Er verabscheute das »Mischen und Wiedermischen« einer Gesellschaft, die nur für den Gelderwerb lebte und sich im Schönemannschen Haus die Klinke in die Hand gab. Eifersucht war auch dabei im Spiel. »Es waren schöne Männer darunter, mit dem Behagen eines gründlichen Wohlstandes«, schrieb Goethe. »Nun aber die alten Herren waren ganz unerträglich mit ihren Onkelsmanieren, die ihre Hände nicht im Zaum hielten und bei widerwärtigem Tätscheln sogar einen Kuß verlangten, welchem die Wange nicht versagt wurde.« Der Bräutigam bemerkte sehr wohl, daß seine Braut in dieser Gesellschaft wieder ihre faszinierende Anziehungskraft ausübte. Dennoch habe sie nicht aufgehört, sagt er entschuldigend, ihn, »den unendlich Leidenden, treu Liebenden vorübergehend lieblich zu trösten«.

Lili blieb ihm unverändert zugetan, »und wenn sie sich zu ihm wendete, so wußte sie mit wenigem das Zarteste zu äußern …« Sie war sich in ihrer Ruhe und Sanftmut, ihrer Güte und Großzügigkeit immer gleich. Er hingegen mußte bekennen: »Unseeliges Schicksal, das mir keinen Mittelzustand erlauben will«. Aus dieser Lage, so Goethe, habe er sich in die Dichtung geflüchtet. »Doch! Wenden wir uns von dieser noch in der Erinnerung beinahe unerträglichen Qual zur Poesie.« Er machte sich Luft, indem er sich in ironischen und sarkastischen Versen über Lilis Umgebung erhob, ihre Gäste in der Gestalt von Tieren kennzeichnete und sich selbst darunter als einen Bären schilderte, einen ungehobelten Gesellen, der Pfötchen geben und einen Diener vor den Gästen machen soll.

Lili's Park

Ist doch keine Menagerie
So bunt, als meiner Lili ihre!
Sie hat darin die wunderbarsten Tiere,
Und kriegt sie 'rein, weiß selbst nicht wie.
O wie sie hüpfen, laufen, trappeln,
Mit abgestumpften Flügeln zappeln,
Die armen Prinzen allzumal,
In nie gelöschter Liebesqual!

Wie hieß die Fee? – Lili? – Fragt nicht nach ihr!
Kennt ihr sie nicht, so danket Gott dafür.
...
»Ihr sagtet ich! Wie? Wer?«
Gut denn, ihr Herrn, g'rad' aus: Ich bin der Bär;
In einem Filetschurz gefangen,
An einem Seidenfaden ihr zu Füßen.
Doch wie das alles zugegangen,
Erzähl' ich euch zur andern Zeit;
Dazu bin ich zu wütig heut.
...
Auf Einmal! Ach es dringt

Ein seliges Gefühl durch alle meine Glieder!
Sie ist's, die dort in ihrer Laube singt!
Ich höre die liebe, liebe Stimme wieder,
Die ganze Luft ist warm, ist blütevoll.
Ach! singt sie wohl, daß ich sie hören soll?
Ich dringe zu, tret' alle Sträuche nieder,
Die Büsche fliehn, die Bäume weichen mir,
Und so – zu ihren Füßen liegt das Tier.

...

Und ich! – Götter ist's in euern Händen,
Dieses dumpfe Zauberwerk zu enden;
Wie dank' ich, wenn ihr mir die Freiheit schafft!
Doch sendet ihr mir keine Hülfe nieder –
Nicht ganz umsonst reck' ich so meine Glieder:
Ich fühl's! Ich schwör's! Noch hab' ich Kraft.

»Wenn ich ietzt nicht dramas schriebe ich ging zu grund.« Eine Zeitlang hatte sich Goethe redlich bemüht, als Jurist und Rechtsanwalt tätig zu werden; für das Jahr 1775 blieben insgesamt achtundzwanzig Eingaben in den Prozeßakten des Rechtsanwalts Goethe erhalten. Doch um in der Umgebung »unerträglicher Gesichter« existieren zu können, bedurfte es der künstlerischen Produktion. »In diese Zeit«, schreibt er, »fällt *Lilis Park, Trocknet nicht* und andere.« Dazu gehört auch das Gedicht *Herbstgefühl*, welches in der Iris vom September 1775 veröffentlicht wurde.

Herbstgefühl

Fetter grüne, du Laub',
Am Rebengeländer,
Hier mein Fenster herauf;
Gedrängter quellet,
Zwillingsbeeren, und reifet
Schneller und glänzend voller.
Euch brütet der Mutter Sonne
Scheideblick; euch umsäuselt
Des holden Himmels
Fruchtende Fülle.
Euch kühlet des Mondes
Freundlicher Zauberhauch,
Und euch betauen, ach!
Aus diesen Augen
Der ewig belebenden Liebe
Vollschwellende Tränen.

»Wären die sämtlichen Gedichte jener Epoche beisammen«, so Goethe in *Dichtung und Wahrheit*, »sie würden den Zustand besser darstellen als es hier geschehen kann; denn es war kein Gipfel des Glücks, kein Abgrund des Wehes, dem nicht ein Laut gewidmet gewesen wäre ..., alles war lebendig. Das Lied Erwins: *›Ihr verblühet süße Rosen‹*, gehört hierher, wie überhaupt *Erwin und Elmire* ganz nach der ersten Ausgabe. Auf das Sauer-Süße von *Stella* hatte dieser Zustand nicht wenig Einfluß. *Claudine von Villa Bella* war früher fertig geworden ... Die herrliche Romanze von Goldschmidt welche hier dramatisiert worden, hatte uns gerührt, aber sanft, weil sie befriedigend endigte. Jetzt aber sahn wir nun eine völlige Auflösung des Verhältnisses vor uns.«

Trocknet nicht! trocknet nicht.
Tränen der heiligen Liebe.
Ach nur den halbtrocknen Augen schon
Wie öde, tot ist die Welt.
Trocknet nicht, trocknet nicht,
Tränen der ewigen Liebe.

Waren die Umstände fast »unerträglich«, so war es doch dichterisch eine ungemein produktive Zeit. Mitten in den Tagen »leidenschaftlicher Unruhe und innerlicher Entzweiung« wandte sich Goethe einem großen Thema zu. »Hatt' ich in den frühern Zeiten, da ich noch hoffte Lili mir zuzueignen, meine ganze Tätigkeit auf Einsicht und Ausübung bürgerlicher Geschäfte gewendet, so traf es gerade jetzt, daß ich die fürchterliche Lücke die mich von ihr trennte durch Geistreiches und Seelenvolles auszufüllen hatte. Ich fing also wirklich Egmont zu schreiben an ...«

»So hab ich wirklich dich verloren«

Die Lage wurde immer verworrener. »Es waren Augenblicke wo die vergangenen Tage sich wieder herzustellen schienen«, heißt es in *Dichtung und Wahrheit,* doch es waren kurze Augenblicke, die sofort wieder »wie wetterleuchtende Gespenster verschwanden«.

In seinem Leben war es nicht die erste Abweisung, die er erfuhr. Katharina Schönkopf hatte ihm einen Dr. Kanne vorgezogen. Charlotte Buff, Werthers Lotte, war Kestner treu geblieben und hatte ihn vor zwei Jahren geheiratet. Maximiliane La Roche willigte in die Ehe mit dem doppelt so alten

Witwer Brentano ein. Lili war seine Braut, und dennoch waren die Verhältnisse noch weit komplizierter.

In seiner Autobiographie beteuert Goethe: »Ich war von dem Gipfel des Gotthardt, Italien den Rücken wendend nach Hause gekehrt, weil ich Lili nicht entbehren konnte. Eine Neigung, die auf die Hoffnung eines wechselseitigen Besitzes, eines dauernden Zusammenlebens gegründet ist, stirbt nicht auf einmal ab, ja sie nährt sich an der Betrachtung rechtmäßiger Wünsche und redlicher Hoffnungen die man hegt ... Ich hatte auf Lili mit Überzeugung Verzicht getan, aber die Liebe machte mir diese Überzeugung verdächtig. Lili hatte in gleichem Sinne von mir Abschied genommen und ich hatte die schöne zerstreuende Reise angetreten; aber sie bewirkte gerade das Umgekehrte. So lange ich abwesend war glaubte ich an die Trennung, glaubte nicht an die Scheidung ... Nun kam ich zurück und wie das Wiedersehn der frei und freudig Liebenden ein Himmel ist, so ist das Wiedersehn von zwei nur durch Vernunftgründe getrennten Personen ein unleidliches Fegefeuer, ein Vorhof der Hölle.«

Am Sonntag, dem 10. September 1775 feierte der junge Pfarrer Johann Ludwig Ewald in Offenbach seine Hochzeit mit Rachel Gertrud Dufay, und selbstverständlich war das junge Paar eingeladen. Goethe dichtete ein »Hochzeitslied«, dessen sechs Strophen sich unverkennbar auch auf seine und Lilis Situation bezogen. In der Vertonung von Johann André trug er das Lied gemeinsam mit Lili vor.

Bundeslied

Den künftgen Tag und Stunden
Nicht heut dem Tag allein
Soll dieses Lied, verbunden
Von uns, gesungen sein.
Euch bracht ein Gott zusammen
Der uns zusammen bracht.
Von schnellen ewgen Flammen
Seid glücklich durchgefacht!
...
Mit jedem Schritt wird weiter
Die rasche Lebensbahn,
Und heiter immer heiter
Steigt unser Blick hinan
Und bleiben lange lange
Fort ewig so gesellt.
Ach! daß von Einer Wange
Hier eine Träne fällt!

Doch ihr sollt nichts verlieren
Die ihr verbunden bleibt,
Wenn einen einst von Vieren
Das Schicksal von euch treibt:
Ists doch, als wenn er bliebe!
Euch ferne sucht sein Blick;
Erinnerung der Liebe
Ist wie die Liebe, Glück.

Daß Goethe seinen eigenen Abschied in Lilis Anwesenheit verkündigt, wirkt seltsam. Etwas Entscheidendes mußte dem vorangegangen, ein Entschluß von beiden gefaßt worden sein. Das Indiz für eine solche Aussprache findet sich in einem langen

Brief an Auguste Stolberg vom 14. bis 19. September 1775. »Heut vor acht Tagen war Lili hier«, schreibt er am 17. September. »Und in dieser Stunde war ich in der grausam feyerlichst süsesten Lage meines ganzen Lebens, mögt ich sagen.« Was geschah in dieser grausamen und süßen Stunde? Das Eingeständnis, daß man sich liebte und doch nicht zusammenbleiben könne? Lili willigte in die Trennung ein. »O Gustgen warum kann ich nichts davon sagen!« schreibt Goethe im selben Brief. »Wie ich durch die glühendsten Trähnen der Liebe, Mond und Welt schaute und mich alles seelenvoll umgab. Und in der Ferne die Waldhorn, und der Hochzeit Gäste laute Freuden.«

In jenen Herbsttagen entstand das Gedicht *Jägers Nachtlied*, das im Januar 1776 in Wielands Teutschem Merkur veröffentlicht wurde. Es ist nicht unwahrscheinlich, daß Goethe damals in Offenbach mit auf die Jagd ging. Im Entschuldigungsgedicht für das Ehepaar d'Orville Anfang September ist von »Wildpret« die Rede. Das Ausgabenbüchlein des Dieners Seidel vermerkt am 5. September 1775 ¾ Pfund Schrot und ¼ Pfund Pulver.

Jägers Nachtlied

Im Felde schleich ich still und wild,
Lausch mit dem Feuerrohr,
Da schwebt so licht dein liebes Bild
Dein süßes Bild mir vor.

Du wandelst jetzt wohl still und mild
Durchs Feld und liebes Tal
Und ach mein schnell verrauschend Bild,
Stellt sich dir's nicht einmal?

Des Menschen der in aller Welt
Nie findet Ruh noch Rast;

Dem wie zu Hause, so im Feld
Sein Herze schwillt zur Last.

Mir ist es denk ich nur an dich,
Als säh' den Mond ich an;
Ein stiller Friede kommt auf mich,
Weiß nicht wie mir getan.

Je größer die »aus Vernunftgründen« erzwungene Distanz zwischen den Liebenden wurde, desto mehr machte sich Goethe Gedanken, die er nur der Seelenfreundin anvertraute. Auguste Stolberg muß ihm ihre Ansicht deutlich auseinandergesetzt haben, denn er antwortete am 14. September: »Was Sie von Lili sagen ist ganz wahr. Unglücklicher Weise macht der Abstand von mir das Band nur fester das mich an sie zaubert. Ich kann ich darf Ihnen nicht alles sagen. Es geht mir zu nah ich mag keine Erinnerungen ... sollts nicht übermäsiger Stolz seyn zu verlangen, dass dich ganz das Mädgen erkennte und so erkennend liebte, erkenn ich sie vielleicht auch nicht, und da sie anders ist wie ich, ist sie nicht vielleicht besser. –«

Er überreichte Lili ein Geschenk: »ich that was, Lili eine kleine Freude zu machen«. Dazu existiert ein eiliger Bittbrief an Johanna Fahlmer. »Mein Herz immer wie ein Strumpf, das äussere zu innerst, das innere zu äuserst gekehrt. Bitte! Bitte! – Sehen Sie sich in der Messe um, nach was – für Lili!!!! *Galanterie Bijouterie,* das neuste, eleganteste! – Sie fühlens allein, und meine Liebe dazu! aber heilig unter uns, der Mama nichts davon.«

Am Mittag des 15. August 1775 schreibt er aus Frankfurt, wie er sich auf den bevorstehenden Maskenball freue, zu dem auch

Lili komme. Er lasse sich, berichtet er Auguste, »eine altdeutsche Tracht, schwarz und Gelb, Pumphose, Wämslein, Mantel und Federstuzhut« schneidern. Nachmittags um halb vier dann Verstimmung und Ärger, unmittelbar aufs Briefpapier geworfen: die Nachricht, daß Lili nicht zum Ball kommen werde.

»Offenbach! Abends sieben. In einem Creise von Menschen die mich recht lieb haben, offt mit mir leiden! Es ist nun so! ich sizze wieder an dem Schreibtischgen von dem ich Ihnen schrieb eh ich in die Schweiz ging.«

Stadien seines Liebesdramas: »Gehe iezt nach Offenbach, um Lili heute Abend nicht in der Comödie morgen nicht im Conzert zu sehen.« Er spielte Karten, fuhr mit dem Schiff auf dem Main und schrieb am *Faust*, woran besonders eine Briefstelle erinnert, die fast wörtlich als Lied im *Faust* wiederkehrt: »Mir wars in all dem wie einer Ratte die Gift gefressen hat ... und ihr innerstes glüht von unauslöschlich verderblichem Feuer.«

»Montag Nacht halb zwölf. Frankckf. an meinem Tisch. komme noch dir gute Nacht zu sagen ... Was ist das Leben des Menschen ...«

Am 18. September: »Lili heut nach Tisch gesehn – in der Comödie gesehn. Hab kein Wort mit ihr zu reden gehabt – auch nichts geredt! – Wär ich das los. O Gustgen – und doch zittr' ich vor dem Augenblick da sie mir gleichgültig, ich hoffnungslos werden könne. – Aber ich bleib meinem Herzen treu, und lass es gehn – Es wird –«

»Dienstag sieben Morgens ... Doch bin ich gestrandet ich kann von dem Mädgen nicht ab – heut früh regt sichs wieder zu ihrem Vortheil in meinem Herzen. – Eine grose schweere Lecktion! – Ich geh doch auf den Ball einem süsen Geschöpfe zu lieb, aber nur im leichten Domino, wenn ich noch einen kriege. Lili geht nicht.« Im Ausgabenbuch Philipp Seidels werden unter dem 19. September 24 Kreuzer für eine weiße venezianische Maske und für weiße Handschuhe vermerkt.[25] Aus purem Trotz ging er auf das Fest und wandte sich einer anderen, wenig interessanten Tänzerin zu. Es nützte nichts, »ich kann von dem Mädgen nicht ab«. Lili fehlte ihm.

Der wie ein Tagebuch täglich weitergeführte Brief ist Ausdruck seiner Verwirrung und Not auf sieben eng beschriebenen Quartseiten. »Nach Tisch. halb vier ... Hab ich doch mancherley noch zu sagen. Adieu. ich bin ein Armer verirrter verlohrner – – Nachts Achte ... Welch ein Leben. Soll ich fortfahren? oder mit diesem auf ewig endigen.«

Auguste Stolberg schrieb an ihren Bruder Christian: »Der arme Goethe! er klagt sehr viel, floh seine Lili und hatte in 8 Tagen nicht mit ihr gesprochen, obgleich viel gesehen, aber welch Feuer, das muß ein abscheulicher Junge sein ...«[26]

»Und doch Liebste«, rief der »Verirrte, Verlorene« Auguste zu, »wenn ich wieder so fühle dass mitten in alle dem Nichts, sich doch wieder so viel Häute von meinem Herzen lösen ... mein Blick heitrer über Welt, mein Umgang mit den Menschen sichrer, fester, weiter wird, und doch mein innerstes immer ewig allein der heiligen Liebe gewiedmet bleibt ... da lass ich's denn so gehn – Betrüge mich vielleicht selbst. – Und dancke Gott. Gute Nacht. Addio. – Amen: 1775.«

Goethe gesteht: »alle Umgebungen hatten sich gegen die Verbindung bestimmt«. Sein Gedicht *An die Entfernte* entstand in jenem Herbst des Abschieds.

So hab ich wirklich dich verloren?
Bist du, o Schöne, mir entflohn?
Noch klingt in den gewohnten Ohren
Ein jedes Wort, ein jeder Ton.

So wie des Wandrers Blick am Morgen
Vergebens in die Lüfte dringt,

Wenn, in dem blauen Raum verborgen,
Hoch über ihm die Lerche singt:

So dringet ängstlich hin und wieder
Durch Feld und Busch und Wald mein Blick;
Dich rufen alle meine Lieder;
O komm, Geliebte, mir zurück!

»Adieu Lili zum zweitenmal!«

Die Verlobung wurde gelöst. »Ausgestanden hab ich die Woche schröcklich von allen Seiten, aber auch widerstanden«, so Goethe an Johanna Fahlmer. Wie es Lili zumute war, kann man nur ahnen. Sie wird von ihrer Familie getröstet worden sein, wie Goethe von seinen Eltern. Er berichtet Lavater am 28. September 1775, er sei bis morgens zehn Uhr im Bett geblieben, vorgeblich, »um einen Catharr auszubrüten, mehr aber um die Empfindung häuslicher Innigkeit wieder in mir zu beleben, die das gottlose Geschwarmme der Tage her ganz zerflittert hatte. Vater und Mutter sind vors Bett gekommen, es ward vertraulicher diskurirt, ich hab meinen Thee getruncken und so ists besser. Ich hab wieder ein Wohngefühl in meinen vier Wänden wie lange es währt.«

Lange währte es nicht. Nach Briefen an Merck, Sophie La Roche und Knebel, nach einer letzten Begegnung mit Lili nach dem Theater – »Lili sieben Worte gesagt« – verließ Goethe am 30. Oktober 1775 für immer das Haus am Hirschgraben und ging nach Weimar. Seine Eltern werden nicht zufrieden gewesen sein; der Vater nicht, weil es den Sohn an einen Fürstenhof zog, die Mutter nicht, weil sie, die schon die Wiege auf dem Speicher begutachtet hatte, ihn gerne verheiratet gesehen hätte. Jahre später, als der Enkel aus Weimar sie besuchte, erzählte sie von der Liebe ihres Sohnes zu Lili Schönemann. Bettine Brentano berichtete Goethe: »... auch in Offenbach war er mit mir und der Mutter und sind gegen Abend bei Mondschein zu Wasser wieder in die Stadt gefahren; da hat unterwegs die Mutter recht losgelegt von all Deinen Geschichten und Lustpartien ...«. Über Lili habe Goethes Mutter ihr, der zwanzigjährigen Bettine, gesagt, sie sei die erste Heißgeliebte ihres Sohnes gewesen. Das war im Jahre 1807. Im gleichen Jahr schickte Goethe an Lili von Türckheim, die er seit jenem einzigen Besuch 1779 nicht wiedergesehen hatte, einen Brief mit der Unterschrift: »Ihr ewig verbundener Goethe«.[27]

»Als ich in die Umgebung Lilis zurückkam«, fährt Goethe rückblickend in seiner Lebensgeschichte fort, »fühlte ich alle jene Mißhelligkeiten doppelt, die unser Verhältnis gestört hatten; als ich wieder vor sie selbst hintrat, fiel mir's hart auf's Herz, daß sie für mich verloren sei. Ich entschloß mich daher abermals zur Flucht, und es konnte mir deshalb nichts erwünschter sein, als daß das junge herzoglich Weimarische Paar von Carlsruhe nach Frankfurt kommen und ich, früheren und späteren Einladungen gemäß, ihnen nach Weimar folgen sollte ... Meine Anhänglichkeit an den Herzog von dem ersten Augenblicke an, meine Verehrung gegen die Prinzessin ... waren Beweggründe genug, die auch einen leidenschaftslosen Jüngling hätten aufreizen, ja antreiben sollen. Nun kam aber noch hinzu daß ich, auf welchem Wege es wolle, vor Lili flüchten mußte, es sei nun nach Süden, wo mir die täglichen Erzählungen meines Vaters den herrlichsten Kunst- und Naturhimmel vorbildeten, oder nach Norden, wo mich ein so bedeutender Kreis vorzüglicher Menschen einlud.«

Am 3. Oktober 1775 hatte Herzog Carl August von Sachsen-Weimar in Karlsruhe Prinzessin Louise von Hessen-Darmstadt geheiratet und anschließend bei der Reise durch Frankfurt

Goethe nach Weimar eingeladen. Der meldete Merck: »Ich erwarte den Herzog und Louisen, und gehe mit ihnen nach Weimar.« Ebenso am 8. September an Auguste Stolberg: »Ich erwarte den Herzog v. Weimar ... Mein Herz ist übel dran. Es ist auch Herbstwetter drinn, nicht warm nicht kalt.« Von da an wartete Goethe auf den Wagen, der ihn abholen sollte, aber der angekündigte Landauer blieb aus, worüber der Vater spottete, sein Sohn sei einem Streich aufgesessen: Er sei »doch sonst nicht auf den Kopf gefallen«, daß er den leeren Versprechungen großer Herren so leichtgläubig vertraute. Goethe hatte sich schon von allen Freunden verabschiedet, wartete und schrieb am *Egmont*, an Klärchens Lied:

Freudvoll
und leidvoll
gedankenvoll sein,
Langen
und bangen
in schwebender Pein,
Himmelhoch jauchzend
zum Tode betrübt,
Glücklich allein
ist die Seele die liebt.

Das unerfreuliche Erlebnis, zu Hause zu sitzen und nicht zu wissen, ob der Wagen nach Weimar überhaupt jemals eintrifft oder nicht, war das erste, was Goethe sich schon 1813 zur Lili-Geschichte notierte – die beschämende Situation hatte sich ihm unauslöschlich eingeprägt. Goethe verließ das Haus tagsüber nicht mehr und versuchte, sich durch die Weiterarbeit am *Egmont* abzulenken.

Spät abends stand er vor Lilis Haus am Kornmarkt, sah ihren Schatten hinter dem Fenster, hörte ihre liebliche Stimme und durfte sich nicht zeigen. »Schon einige Abend war es mir nicht möglich gewesen zu Haus zu bleiben. In einen großen Mantel gehüllt schlich ich in der Stadt umher ... und versäumte nicht auch an Lili's Fenster zu treten.« Durch die geschlossenen Fensterläden hörte er sie sein Lied singen: »*Ach wie ziehst du mich unwiderstehlich!* das nicht ganz vor einem Jahr an sie gedichtet ward ... Nur der feste Vorsatz mich wegzubegeben, ihr nicht durch meine Gegenwart beschwerlich zu sein ... konnte mich entscheiden die so liebe Nähe zu verlassen ...«

Unter diesen Umständen den *Egmont* zu schreiben, war ihm unmöglich, »und nun hatte mein Vater gutes Spiel bei der Unruhe von der ich innerlich zerarbeitet war ...«. Die Ungewißheit war so zermürbend, daß Johann Caspar dem Sohn schließlich von sich aus Geld und Kredit anbot, damit er abreisen könne. Die Fahrt sollte nach Italien gehen und auf jeden Fall durch Heidelberg führen, denn Goethe wollte mit Demoiselle Delph, »welche die Vertraute unserer Neigung, ja die Vermittlerin einer ernstlichen Verbindung bei den Eltern gewesen war«, noch einmal über die glückliche Zeit mit Lili sprechen.

Ein Brief, den er zuvor noch an den Dichter Bürger schickte, wirft ein Licht auf seinen inneren Zustand. Er schreibe beim Ofen am »Kindertischgen«, das ist bezeichnend für die klägliche Situation, der er endlich entkommen will. Es wird ein unzufriedener Brief, geschrieben »nach den zerstreutesten, verworrensten, ganzesten, vollsten, leersten, kräfftigsten und läppischsten drey Vierteljahren«, die er in seinem Leben gehabt habe. »Was die menschliche Natur nur von Widersprüchen sammeln kann, hat mir die Fee Hold oder Unhold, wie soll ich sie nennen? zum Neujahrsgeschenk von 75 gereicht ... Wies von nun an mit mir werden wird weis Gott!« Dann erkundigt er sich bei dem zwei Jahre älteren Bürger nach persönlichen familiären Dingen, die ihn früher kaum zu interessieren schienen. »Wie wirthschafftest du mit deinem Weibe?« fragt er. »Hast du Kinder?«

Am 30. Oktober 1775 verließ Goethe Frankfurt, Montagmorgens um sechs, während die Eltern schliefen. »Bittet dass eure Flucht nicht geschehe im Winter, noch am Sabbath«, hatte ihm der Vater zur Warnung noch aus dem Bett mitteilen lassen. Diesmal fällt das Wort »Flucht« wirklich. »Frisch also die Thorschliesser klimpern vom Burgemeister weg, und eh es tagt und mein Nachbaar Schuflicker seine Werckstäte und Laden öffnet: Fort. Adieu Mutter! – ... Lili Adieu Lili zum zweitenmal! Das erstemal schied ich noch hoffnungsvoll unsere Schicksaale zu verbinden! Es hat sich entschieden – wir müssen einzeln unsre Rollen ausspielen. Mir ist in dem Augenblicke weder bange für dich noch für mich, so verworren es aussieht! – Adieu –«. So lauten die Eintragungen in Goethes Reisetagebuch. Später schickte er den Eltern das Gedicht *Seefahrt,* das die Situation des Wartens und Hoffens charakterisiert. Es war das Lieblingsgedicht seiner Mutter, aufgefunden im Nachlaß von Cornelia.

Tag lang Nacht lang stand mein Schiff befrachtet,
Günstger Winde harrend saß mit treuen Freunden
Mir Geduld und guten Mut erzechend
Ich im Hafen. ...

Ach warum ist er nicht hiergeblieben
Ach der Sturm! Verschlagen weg vom Glücke
Soll der Gute so zu Grunde gehen?
Ach er sollte! Ach er könnte! Götter!

Doch er stehet männlich an dem Steuer
Mit dem Schiffe spielen Wind und Wellen
Wind und Wellen nicht mit seinem Herzen.
Herrschend blickt er auf die grimme Tiefe,
Und vertrauet scheiternd oder landend
Seinen Göttern.

In Heidelberg, wo er bei Demoiselle Delph logierte, wollte seine Gastgeberin die Gelegenheit nutzen, um Goethe mit einer aristokratischen jungen Dame ihres Bekanntenkreises zu verheiraten, doch das Ansinnen blieb erfolglos. »Lilis Bild schwebte mir wachend und träumend vor und mischte sich in alles andre, was mir hätte gefallen oder mich zerstreuen können.«

»All mein Sang bist du noch«

Er ist der alte freigeborne Vogel nicht,
Er hat schon jemand angehört.

Am 7. November 1775 traf Goethe in Weimar ein, wo er jene Charlotte von Stein kennenlernte, deren Silhouette ihm schon Lavater gezeigt hatte. Sie war kultiviert und elegant, mit vierunddreißig Jahren doppelt so alt wie Lili und seit zwölf Jahren verheiratet. Weder Charlotte, mit der er fortan in engster Nähe lebte, noch dem Herzog Carl August hat Goethe sein Verhältnis zu Lili Schönemann verschwiegen. Zu oft war er in Gedanken bei ihr, die nun tatsächlich für ihn »verloren« war. Als er Weihnachten 1775 zum thüringischen Forsthaus Bürgel unterwegs war, schrieb er dem Herzog: »Wie ich so in der Nacht gegen das Fichtengebirge ritt, kam das Gefühl der Vergangenheit, meines Schicksals und meiner Liebe über mich und sang so bei mir selber:

Holde Lili warst so lang
All meine Lust und all mein Sang
Bist ach nun all mein Schmerz und doch
All mein Sang bist du noch«

Als die ersten Exemplare des Schauspiels *Stella* im Februar 1776 vorlagen, sandte Goethe ein Exemplar ins Haus »Zum Liebeneck«. Auf das erste Blatt hatte er für Lili eine besondere Widmung eingetragen:

Im holden Tal, auf schneebedeckten Höhen
War stets dein Bild mir nah:
Ich sah's um mich in lichten Wolken wehen,
Im Herzen war mir's da.
Empfinde hier, wie mit allmächt'gem Triebe
Ein Herz das andre zieht,
Und daß vergebens Liebe
Vor Liebe flieht

Offenbar hat Lili alle Brautbriefe, alle Handschriften von Goethe vernichtet, nur ihr Exemplar der *Stella* mit seinen Widmungsversen hat sie mit nach Straßburg genommen und ein Leben lang aufbewahrt.

Im Frühling 1776 erfuhr Goethe durch Johanna Fahlmer von mißliebigen Vorfällen im Hause Schönemann, über die er in Wut geriet. Zornig auf die ganze Familie antwortete er: »Von Lili nichts mehr, sie ist abgetan, ich hasse das Volck lang im tiefsten Grunde ... Das arme Geschöpf bedaur ich dass sie unter so einer Race gebohren ist.« Daß er mit seiner Einschätzung der Brüder Schönemann nicht falsch lag, zeigt das Debakel, das in den folgenden Jahren den Zusammenbruch der Bank zur Folge hatte. Der älteste Bruder Jean Noë steuerte das Bankhaus durch schlechte Geschäfte, »betrügerisches Verhalten mit zweierlei Büchern«, also gefälschter Buchführung, in den Ruin. Mit 32 Jahren nahm er sich das Leben.[28]

Lilis Mutter hatte die Katastrophe noch heraufkommen sehen. Von ihr sind 111 Briefe an Lili erhalten, die die Sorge um den Niedergang des Hauses und das Schicksal der Söhne spiegeln. 1780 mußte das Haus »Zum Liebeneck« verkauft werden.

Die Versteigerungsliste ist noch vorhanden. Verkauft wurden neben Silbergegenständen und Gemälden drei Spieltische, Wand- und Kronleuchter und auch der Flügel, an dem Goethe Lili zum erstenmal spielen hörte. Frau Schönemann wohnte zeitweise bei Lili in Straßburg, bis sie 1782 mit sechzig Jahren in Frankfurt starb.

Im Juli 1776 erhielt Goethe die Nachricht, daß Lili sich verlobt habe. Eine Heirat kam allerdings nicht zustande, weil Lilis Bräutigam Johann Friedrich Bernard vor dem Bankrott seines Hüttenwerks ins Ausland ging und auf Jamaika starb.[29] Das konnte Goethe nicht wissen, als er am 9. Juli Charlotte von Stein meldete: »Gestern Nachts lieg ich im Bette schlafe schon halb, Philip bringt mir einen Brief, dumpfsinnig les ich – dass Lili eine Braut ist!! kehre mich um und schlafe fort. – – Wie ich das Schicksal anbete dass es so mit mir verfährt! – So alles zur rechten Zeit – Lieber Engel gute nacht.«

Ganz so gleichgültig, wie er es Frau von Stein weismachen wollte, kann Goethe die Verlobung seiner Braut jedoch nicht gewesen sein. Einen Monat später stieß er auf die Falken-Novelle von Boccaccio, die er dramatisieren wollte, und berichtete Charlotte: »Ich hab an meinem Falcken geschrieben, meine Giovanna wird viel von Lili haben, du erlaubst mir aber doch dass ich einige Tropfen deines Wesen's drein giesse ... Vielleicht macht mir's einige Augenblicke wohl, meine verklungenen Leiden wieder als *Drama zu verkehren*.«

Auf der ersten Reise nach Frankfurt, die er im Herbst 1779 mit dem Herzog unternahm, ergriff Goethe sofort die Gelegenheit, Lili in Straßburg zu besuchen. Er traf sie in einem schönen Haus in der Brandgasse Nr. 1. In seinem Brief nennt er sie einen »Grasaffen«, ein Ausdruck, den Goethes Mutter gern für Kinder zu gebrauchen pflegte und den Goethe auch im *Faust* verwandte. »Ich ging zu Lili und fand den schönen Gras-

10 Elise von Türckheim (geb. Lili Schönemann) und Bernhard von Türckheim

affen mit einer Puppe von sieben Wochen spielen, und ihre Mutter bey ihr ... Da ich denn zu meinem ergözzen fand dass die gute Creatur recht glücklich verheirathet ist. Ihr Mann aus allem was ich höre scheint brav, vernünftig und beschäfftigt zu seyn, er ist wohl habend, ein schönes Haus, ansehnliche Familie, einen stattlichen Rang pp. alles was sie brauchte pp.« Lili, soll das heißen, besitze nun alles, was er ihr nicht habe bieten können. Das klingt fast ein wenig neidisch, jedenfalls bewußt kühl – die Nachricht war an Frau von Stein gerichtet. Immerhin setzte er hinzu, daß er abends noch bei Lili aß und sie erst »im Mondschein« verließ. »Die schöne Empfindung die mich begleitet kann ich nicht sagen ...«

Am 25. August 1778 hatte die neunzehnjährige Lili Schönemann die Ehe mit Bernhard Friedrich von Türckheim geschlossen, den sie bereits lange kannte – er hatte schon vor Goethes Zeit als Lehrling in der Bank gearbeitet und anschließend die Leitung des väterlichen Handelshauses in Straßburg übernommen. Türckheim, am 3. November 1752 geboren und damit drei Jahre jünger als Goethe, ein ausgeglichener Charakter, der von sich sagte, daß er über viel innere Heiterkeit verfüge, war ein vorbildlicher Ehemann; »wenig Menschen nur haben den Grad von Uneigennützigkeit und Reinheit als er«, schrieb Lili 1799 an Lavater, und an ihren Bruder Friedrich: »Du kennst ihn ja, den nur ganz für andere lebenden Freund.«[30]

Goethe lernte Lilis Ehemann nie persönlich kennen. Über ihn, Baron Friedrich Bernhard von Türckheim, Offizier der Ehrenlegion und Präsident des protestantischen Generalkonsistoriums und Direktoriums, heißt es im Nachruf vom 12. Juli 1831: »Im Äußeren war Bernhard von Türckheim eine hohe, schöne, würdevolle Gestalt, mit edlen Gesichtszügen und dem Ausdruck eines geraden, offenen Wohlwollens; ohne glänzend zu sein war sein Auftreten ein ruhig Sicheres, von innerem Werth getragenes; das Ernste in ihm war durch eine zuvorkommende Freundlichkeit gemildert ...«[31]

Türckheim wurde seiner gemäßigten Haltung wegen zum Bürgermeister von Straßburg gewählt, doch im Zuge der Französischen Revolution 1794 angeklagt und verhaftet, um, wie sein Vorgänger, vor das Revolutionstribunal gebracht und auf der Guillotine hingerichtet zu werden. Nur eine rechtzeitige Warnung und die sofortige Flucht retteten ihm das Leben. Lili, ebenfalls in großer Gefahr, floh als Bäuerin verkleidet mit ihren Kindern, den Jüngsten auf dem Rücken, den kleinen Wilhelm an der Hand, über die Grenze nach Heidelberg, wo sie sich mit Hilfe der Demoiselle Delph und ihres Bruders Friedrich über Wasser hielt.

11 Das Türckheimsche Haus in Straßburg

Es zeigte sich, daß Goethes frühes Urteil gerechtfertigt war. Lili bewies in der schweren Zeit der Emigration mehr Rückgrat und Disziplin als manche andere Frau aus seinem Bekanntenkreis. Daß sie ernst und besonnen war, geht aus ihren 147 erhaltenen Briefen hervor, die von der Sorge um ihren Mann und der Erziehung ihrer fünf Kinder erfüllt sind. Da sie auf der Flucht nichts hatte retten können, verschaffte sie sich durch den Verkauf von Schmuck das Geld zur Ernährung der Kinder, denen sie selbst die Kleidung nähte. Nach Straßburg zurückgekehrt, nahm ihr Ehemann ihren Lieblingsbruder Friedrich als Teilhaber in seine Firma auf. Im Jahre 1800 erwarb das Ehepaar das Landgut Krautergersheim bei Straßburg, wo Lili sich besonders gerne aufhielt. Sie habe das verwahrloste Anwesen »mit dem Zauberstab« in einen hübschen Sommersitz verwandelt, renoviert und verschönert, schrieb sie den Söhnen, wobei sie sich selbst humorvoll als »Oberbauinspektor« bezeichnete, da sie die Wohnräume »mit eigener hoher Hand tapezierte«.[32] 1809 und

1810 lebte Türckheim, zum badischen Finanzminister ernannt, in Karlsruhe und ging 1815 als Abgeordneter der französischen Kammer nach Paris.

Als Lili 1817 mit 59 Jahren starb, schrieb Türckheim an ihren Bruder Friedrich: »Die Schwester schläft, Schlaf und Tod sind Brüder. Der ewige Vater, der diesen schönen Geist in einer Stunde der Gnade mir zugesellte ... hat die holde Lili abberufen«. Er lebe weiter in dem Bewußtsein, daß sie ihn bis zuletzt »als Freund ihres Herzens« bezeichnet habe.[33]

Goethe erfuhr durch Henriette von Egloffstein und Barbara Schultheß, eine Freundin Lavaters, wie mutig und verantwortungsbewußt sich Lili in allen Gefahren 1794 verhalten hatte. Als er 1795 *Hermann und Dorothea* schrieb, mag etwas von Lilis Schicksal und ihrem zuverlässigen Wesen in das der Vertriebenen eingegangen sein.[34]

Daß Goethe immer gut informiert war, geht auch aus seinem Brief vom März 1801 hervor. Lili hatte sich – nach Jahren des Schweigens – mit der Bitte um Unterstützung ihres Bekannten Kocher an den Weimarischen Minister von Goethe gewandt. Sie schrieb ihm ebenso diplomatisch wie vertraulich: »Der Gedanke, und die frohe Hoffnung, einem jungen, Verdienstvollen Mann behülflich zu seyn, erlaubt mir nicht erst die Frage zu untersuchen, ob Sie Verehrungswürdiger Freund, sich wohl meiner, nach einer Trennung von 27 Jahren erinnern mögen. Ich weis nicht, ob es Bescheidenheit oder Stolz ist, daß ich mir diese Frage nicht erlaube ...

Ich weis wie viel Sie, Edler Mann, vermögen, wie gerne Sie beglükken ... Ich entschuldige mich eben so wenig meiner Zudringlichkeit, als des Zutrauens wegen, mit dem ich mich vorzüglich an Sie Verehrungswürdiger gewandt, und weis daß Sie den Glauben an Freundschaft billigen werden, der mir die Überzeugung giebt, daß Sie thun werden, was Sie thun können. Die Reinheit meiner Absicht bürgt mir für die auslegung,

12 Lili im Kreis ihrer Familie

wie für den Erfolg meiner Bitte, so wie das reine Gefühl meines herzens mir für alte Freundschaft bürgt.« Sie schilderte dem ehemaligen Verlobten ihre fünf Kinder, bekundete mütterlichen Stolz und endete: »aber das Urtheil einer liebenden Mutter scheint immer verdächtich, und ich schweige also, und schließe mit der Bitte, mir meine Schwazhaftigkeit zu verzeihen, und die Versicherung meiner vollkomensten Hochachtung und aufrichtigen Freundschaft zu genehmigen, von Ihrer alten Freundin Elise v. Türckheim«.[35]

Goethe antwortete: »Schon vor einigen Jahren versicherte mich Frau von Egloffstein, daß Sie meiner, während Ihres Aufenthalts in Deutschland, manchmal gedacht hätten, ich freute mich herzlich darüber, in Erinnerung früherer Verhältnisse.« Er läßt Lili wissen, daß er stets an ihrem Leben Anteil nahm und über ihre Flucht, die Familie und ihre Kinder Bescheid weiß. »Sie haben in den vergangenen Jahren viel ausgestanden und dabey, wie ich weiß, einen entschlossenen Muth bewiesen, der Ihnen Ehre macht. Wie sehr verdienen Sie das Glück, daß die Ihrigen gerettet sind und Ihre Kinder alle so gutartig vor Ihnen heranwachsen.«[36]

Bis an sein Lebensende hat Goethe sich mit Lili beschäftigt. Nachdem er ihrer Enkelin begegnet war, zog er von neuem Erkundigungen ein. Henriette Freiin von Egloffstein war 1794 als junges Mädchen in Erlangen Lili von Türckheim begegnet und hatte Goethe davon berichtet. Das genügte ihm jetzt nicht mehr; er bemühte sich um weitere Nachrichten. »Die würdige Freundin« Henriette, nunmehr Freifrau von Beaulieu-Marconnay, antwortete am 3. Dezember 1830 mit einem langen Schreiben.[37]

»Die an mich ergangene Aufforderung, dasjenige, was ich im Bezug auf eine der edelsten Frauen meinem Gedächtnis unauslöschlich eingeprägt hat, schriftlich mitzutheilen, erfüllt mich mit wehmütiger Freude, weil ich mich dadurch berechtigt sehe, das heilige Vermächtnis, welches die Treffliche einst in meinem Herzen niederlegte, dem *einzig geliebten* Freund ihrer Jugend zu übergeben ...

Der Eindruck, den ihre Persönlichkeit im ersten Moment auf mich machte, läßt sich mit wenig Worten bezeichnen. Ich glaubte, Iphigenien vor mir zu sehen. Die hohe, schlanke Gestalt, der milde, schwermüthige Ausdruck ihrer zwar verblühten, aber noch immer äußerst anmuthigen Gesichtszüge und vor allem die erhabene Würde, die sich in ihrem ganzen Wesen aussprach, riefen mir jenes Ideal edelster Weiblichkeit, so wie Göthe es darstellt, unwillkührlich vor die Seele ...

Ich sollte aber bald erkennen, wie richtig mich mein Gefühl geleitet, denn die vortreffliche Frau gestand mir mit rührender Offenheit, sie habe erfahren, in welcher engen Verbindung ich mit Weimar stünde und bloß deshalb meine Bekanntschaft gewünscht, um etwas Näheres von Göthens Leben und Schicksalen zu vernehmen, den sie den Schöpfer ihrer moralischen Erziehung nannte.

Die Innigkeit, ja ich darf sagen die Begeisterung wo mit sie von ihm sprach, rührte mich unaussprechlich ... Im Laufe unserer traulichen Unterhaltung erzählte sie mir die Geschichte ihres Herzens, woraus ich deutlich ersah, daß sie, wenn auch nicht vollkommen glücklich, doch mit ihrem Schicksal zufrieden war, weil Göthe es ihr vorgezeichnet hatte.

Mit seltener Aufrichtigkeit gestand mir Frau von Türckheim, ihre Leidenschaft für denselben sey mächtiger, als Pflicht und Tugendgefühl in ihr gewesen, und wenn seine Großmuth die Opfer, welche sie ihm bringen wollte, nicht standhaft zurückgewiesen hätte, so würde sie späterhin, ihrer Selbstachtung und bürgerlichen Ehre beraubt, auf die Vergangenheit zurückgeschaut haben, welche ihr im Gegentheil *jetzt* nur beseligende Erinnerungen darböte ...«

In sein Tagebuch notierte Goethe am 4. Dezember 1830: »Einiges am Faust .... Sehr bedeutendes Schreiben von Frau von Beaulieu.« Gerührt antwortete er ihr schon drei Tage später: »Nur mit den wenigsten Worten, verehrte Freundin, mein dankbarstes Anerkennen. Ihr theures Blatt mußte ich mit Rührung an die Lippen drücken. Mehr wüßte ich nicht zu sagen.

Ihnen aber möge zu geeigneter Stunde, als genügender Lohn, irgendeine eben so freudige Erquickung werden! Weimar am 7. December 1830. Verpflichtet J.W. Goethe.«[38]

Auch Lili hat, wenn sich die Möglichkeit bot, Nachrichten über Goethe eingeholt, zunächst bei ihrer Mutter, die ihr ausführlich über seinen ersten Besuch in Frankfurt berichtete. Madame Schönemann begegnete dem dreißigjährigen Geheimen Legationsrat Goethe Weihnachten 1779 im Frankfurter Rothen Haus. Ihr Sohn Friedrich hatte den Dichter im Hirschgraben besucht. »Er [Goethe] hat mir den Gegenbesuch gestern abstatten wollen, fand mich aber nicht zu Hause«, berichtete sie in ihren französisch geschriebenen Briefen. Sie habe ihn dann im Konzert getroffen. »Er unterhielt sich sehr viel mit mir und stellte mir den Herzog vor ... G. lud sich für morgen zusammen mit d'Orville und J. N. du Fay [Jean Noë du Fay, Lilis Vetter] zum Nachtessen bei mir ein. Er hat sich heute morgen mit dem Herzog nach Offenbach begeben ... Alle ehemaligen Freunde Goethes waren hochentzückt, ihn wieder zu sehen und er ist der gleiche Freund für alle.« Am 31. Dezember 1779 berichtet sie: »Auch gestern habe ich mich lang mit Goethe über die Leere, die Deine Abwesenheit bei mir erzeugt, unterhalten. Wir haben sehr viel miteinander gesprochen. Er hat eine Stunde allein mit mir verbracht, bevor die anderen dazu kamen. Er hat sich zu seinem Vorteil verändert, ist sehr kräftig, immer der gleiche Freund. Goethe ist sehr zufrieden bei seinem Herzog. Er ist ihm sehr verbunden. Er sagt, daß sie sehr glücklich miteinander sind, daß der Herzog ein Mann von Geist und Talenten ist. Er [Goethe] ist keineswegs geneigt, eine Ehe einzugehen. Er müßte sich einen zu großen Zwang auferlegen und könnte kein so angenehmes Dasein mehr führen.«[39]

Auch bei Dorothea Delph in Heidelberg erkundigte sich Lili über Goethe, beim Komponisten Reichardt, der Goethes Gedichte vertonte, bei Henriette von Egloffstein und bei Lavater, der sie 1783 in Straßburg besuchte und dem sie über die »Leere des Daseins« klagte, als der Tod der Mutter, der

Niedergang der Firma und die Vorwürfe der Schwiegereltern sie sehr bedrückten. »Ich kannte das Glück, in freundschaftlichen Verhältnissen zu leben, und fühle das Leere meiner Existenz um desto mehr, da mein Herz das Bedürfnis der Liebe kannte.«

Lavater antwortete ihr, wohl auch in Kenntnis ihrer Beziehung zu Goethe: »Das große Geheimnis der innigen Freundschaft ist wechselseitig sich respektierende Freiheit ... Liebe Türckheim, wenn ich sehn kann, hab ich viele Freyheit des Geistes, viele Reinheit des Herzens in dir gesehn. (Ganz frey ist kein Menschgeist, ganz rein kein sterblich Herz). Diese Freiheit und Reinheit wird dich, edle Seele, viel leiden und viel genießen machen, wo kein anderer leiden und genießen kann ... Leide und genieße – als Liese Schönemann und als Liese Türckheim ...«.[40]

13 Der Sohn Franz Ludwig von Türckheim auf dem Totenbett

Als ihr Sohn Carl von Türckheim im Jahre 1807 nach Weimar fuhr, schrieb Lili Goethe zum zweiten Mal. Diesmal ist sie es, die ihn an ihr früheres Verhältnis erinnert und an die »unauslöschbar tief eingegrabene Erinnerung« an ihn. Sie schreibt am 21. September 1807: »Der Gedancke(n) eines meiner Kinder in Weimar zu wissen verbindet sich mit dem lebhaften Wunsche daß es ihm in Göthe's nähe wohl werden mögte. Gönnen Sie meinem guthen Carl und seiner lieben Frau, das Glük den Freund meiner Jugend kennen zu lernen, und schenken Sie Ihre Gewogenheit einem Jungen Manne dessen Leben, bis izt, eine Reihe beglükkender Tage für seine Eltern war. – ... Beurtheilen Sie meinen Carl mit Schonung, und Liebe, und lassen Sie des Gedanckens mich froh werden, daß Ihr belehrender Umgang, eben so glücklich auf meine Kinder würken wird, als die, in meinem Herzen so unauslöschbar tief eingegrabene Errinerung an Ihre Freundschaft. Ihre Freundin Elise v. Türckheim.«[41]

Goethe, seit einem Jahr mit Christiane Vulpius verheiratet und Vater eines siebzehnjährigen Sohnes, war über Lilis freimütige Versicherung, daß er, der Freund ihrer Jugend, unvergessen sei, »unendlich« erfreut. Er hatte Carl von Türckheim in sein Haus eingeladen, allerdings nicht gewußt, daß es sich um einen Sohn von Lili handelte. »Er war bey mir gewesen, ohne daß ich's wußte er sey es. Ich verwechselte beide Familien, ähnlicher Nahmen, und hielt ihn von der andern. Aber auch so, als mir ganz fremd, hat er mir sehr wohlgefallen, das zweytemal kam ein Regenguß gelegen, der ihn lange bei mir festhielt. Ich machte mir Vorwürfe ihn nicht bei Tische behalten zu haben, da es eben an der Zeit war, denn ich empfand eine wahrhafte Neigung zu ihm ...«. Auch er möchte Lili wissen lassen, was sie ihm bedeutet hat. »Zum Schluß erlauben Sie mir zu sagen: daß es mir unendliche Freude machte, nach so langer Zeit, einige Zeilen wieder von Ihrer lieben Hand zu sehen, die ich tausendmal küsse in Erinnerung jener Tage, die ich unter die glücklichsten meines Lebens zähle.«

Am Ende des Briefes geht er auf ihr Schicksal ein. Er selbst hatte im Jahr zuvor, als französische Soldaten in sein Haus am Frauenplan einfielen, um sein Leben gebangt; er ahnt, was Lili auf der Flucht und in der Fremde durchgestanden hat. »Leben Sie wohl und ruhig nach so vielen äußern Leiden und Prüfungen, die zu uns später gelangt sind und bey denen ich oft Ursache habe an Ihre Standhaftigkeit und ausdauernde Großheit zu denken. Nochmals ein Lebewohl mit der Bitte meiner zu gedenken.

Ihr ewig verbundener Goethe.

Weimar d. 14. Dec. 1807«

Er siegelte den Brief mit einem Amor.

Vier Tage, nachdem sein Geständnis ihn wieder in jene Tage zurückführte, die er »zu den glücklichsten« seines Lebens zählte, fuhr Goethe abends mit Friedrich Wilhelm Riemer von Jena nach Weimar. Riemer berichtet, daß der Dichter ihm während dieser Wagenfahrt drei Stunden lang die Geschichte seiner Liebe zu Lili mit einer Fülle und Glut dargestellt habe, an die die Erzählung in *Dichtung und Wahrheit* nicht heranreiche.[42] Zu Eckermann sagte Goethe am 5. März 1830: »Ich wäre stolz gewesen, es der ganzen Welt zu sagen, wie sehr ich sie geliebt; und ich glaube, sie wäre nicht errötet, zu gestehen, daß meine Neigung erwidert wurde.«

Anmerkungen

Alle Zitate beziehen sich, soweit nicht anders angegeben, auf die Ausgabe des Deutschen Klassiker Verlags, Frankfurt am Main 1985-1999: Bd. 1 (Gedichte 1756-1799), Bd. 2 (Gedichte 1800-1832), Bd. 5 (Dramen 1776-1790), Bd. 14 (Dichtung und Wahrheit), Bd. 17 (Tages- und Jahreshefte), Bd. 28 (Von Frankfurt nach Weimar), Bd. 29 (Das erste Weimarer Jahrzehnt), Bd. 33 (Napoleonische Zeit I), Bd. 39 (Eckermann, Gespräche mit Goethe).

1 Dagmar von Gersdorff, *Goethes Mutter*, Frankfurt am Main und Leipzig: Insel Verlag 2001, S. 35 f.
2 Ernst Beutler, *Essays um Goethe*, Berlin – Darmstadt – Wien: Carl Schünemann und Deutsche Buchgemeinschaft 1957, S. 272
3 Ebenda
4 John Ries, *Die Briefe der Elise von Türckheim*, Frankfurt am Main: Englert und Schlosser 1924, S. 25
5 Ebenda
6 Dagmar von Gersdorff, *Goethes Mutter*, S. 277
7 Beutler, *Essays um Goethe*, S. 199 f.
8 Ebenda, S. 206 f.
9 Goethe an Charlotte von Stein am 2. Januar 1787
10 Bode, *Goethe in vertraulichen Briefen*, S. 108
11 Beutler, *Essays um Goethe*, S. 291
12 Karlheinz Schulz, *Goethe*, Stuttgart: Reclam 1999, S. 421
13 Bode, *Goethe in vertraulichen Briefen seiner Zeitgenossen*, hg. v. Wilhelm Bode, Neuausgabe v. R. Otto u. P.-G. Wenzlaff, Bd. I, Berlin – Weimar, Aufbau o. J., S. 161
14 Beutler, *Essays um Goethe*, S. 234
15 Bode, *Goethe in vertraulichen Briefen*, S. 124
16 Beutler, *Essays um Goethe*, S. 286
17 Jules Keller, *Unbekannte Fassung des Goetheschen Gedichts »Auf dem See«*, in: Goethe-Jahrbuch 2000, S. 281
18 Bode, *Goethe in vertraulichen Briefen*, S. 128
19 Beutler, *Essays um Goethe*, S. 294 f.
20 Karl Jügel, *Das Puppenhaus*, Frankfurt am Main 1857, S. 330

21 Eckbrecht Graf Dürckheim, *Lilli's Bild geschichtlich entworfen*, München 1894, S. 17
22 Beutler, *Essays um Goethe,* S. 300
23 *Goethe und Lili.* Eine unbekannte Epistel des jungen Goethe (»Brief in Versen« an das Ehepaar d'Orville), in: Elsässer Rundschau, Bd. XII, 3. Heft, Straßburg 1910
24 Beutler, *Essays um Goethe,* S. 203
25 Ebenda, S. 318
26 *Goethes Briefe an Auguste Gräfin Stolberg*, komm. von Jürgen Behrens, Berlin: Kulturstiftung der Länder 1993, S. 105
27 Heinz Amelung, *Lili in ihren Briefen*, Leipzig: Insel o.J., S. 61
28 Jules Keller, *Lettres inédites, journal intimite et extraits de papiers de famille*, Bern – Frankfurt am Main: Peter Lang 1987, S. 17
29 Gero von Wilpert, *Goethe Lexikon*, Stuttgart: Alfred Kröner Verlag 1998, S. 102
30 John Ries, *Die Briefe der Elise von Türckheim*, S. 43 ff.
31 Eckbrecht Graf Dürckheim, *Lilli's Bild*, S. 38-40
32 Heinz Amelung, *Lili in ihren Briefen*, S. 48
33 John Ries, *Die Briefe der Elise von Türckheim*, Vorwort
34 Beutler, *Essays um Goethe*, S. 218
35 Heinz Amelung, *Lili in ihren Briefen*, S. 49 f.
36 Konzept von Goethes Brief an Lili v. Türckheim im Goethe- Schiller-Archiv Weimar (GSA), 29/514 II
37 Original im GSA, 13/IV, 2, 12
38 Der Briefentwurf befindet sich im GSA, ohne Signatur
39 Jules Keller, *Aus dem Alltagsleben einer Goethe-Freundin.* Unveröffentlichte Briefe der Anna Elisabeth Schönemann, geb. d'Orville, an ihre Tochter Lili in Straßburg, (1778-1782), Bern – Berlin – Frankfurt am Main: Peter Lang 1997, S. 98 ff.
40 Beutler, *Essays um Goethe*, S. 207, und Ries, *Die Briefe der Elise von Türckheim*, S. 27
41 Heinz Amelung, *Lili in ihren Briefen*, S. 52 f.
42 Beutler, *Essays um Goethe*, S. 299

Literaturhinweise

- Beutler, Ernst, *Briefe aus dem Elternhaus. Johann Caspar Goethe, Cornelia Goethe, Catharina Elisabeth Goethe*, Frankfurt am Main u. Leipzig 1997
- Bothe, Friedrich, *Goethe und seine Vaterstadt Frankfurt*, Frankfurt am Main 1913
- Boyle, Nicolas, *Goethe. Der Dichter in seiner Zeit*, Bd. 1, München 1995
- Eckbrecht Graf Dürckheim, Ferdinand, *Erinnerungen alter und neuer Zeit*, Stuttgart 1910
- Goethe, Johann Wolfgang, Sämtliche Werke, Briefe, Tagebücher und Gespräche (Frankfurter Ausgabe), 1. Abteilung: 27 Bde., II. Abteilung: 13 Bde., Frankfurt am Main 1985 ff.
- *Goethe, Johann Wolfgang, Begegnungen und Gespräche*, hg. v. Ernst u. Renate Grumach, Berlin 1965 ff.
- *Goethes Briefe und Briefe an Goethe*, hg. v. Robert Mandelkow u. Bodo Morawe, Bd. 2 u. 4, München 1988
- *Goethes Freundinnen. Briefe zu ihrer Charakteristik*, hg. v. Gertrud Bäumer, Leipzig u. Berlin (o. J.)
- La Roche, Sophie von, *Ich bin mehr Herz als Kopf. Ein Lebensbild in Briefen*, hg. v. Michael Maurer, München 1983 ff.
- Seele, Astrid, *Frauen um Goethe*, Reinbeck 1997
- Steiger, Robert, *Goethes Leben von Tag zu Tag. Eine dokumentarische Chronik*, Zürich u. München 1982 ff.
- Tiedemann, Rolf: *Goethes Deutung einer Symptomhandlung Lilis in »Dichtung und Wahrheit«*, in: Jahrbuch der Psychoanalyse, Bd. 35, Stuttgart – Bad Cannstatt 1996
- Voelcker, Heinrich, *Die Stadt Goethes. Frankfurt am Main im 18. Jahrhundert*, Frankfurt am Main 1982

Verzeichnis der Abbildungen

Abb. 11.: Das Türckheimsche Haus in Straßburg.

Abb. 12.: Lili im Kreis ihrer Familie. Nach einer Zeichnung von Jean Christophe Guérin, 1789.

Abb. 13.: Franz Ludwig von Türckheim auf seinem Totenbett. Die Verse von der Hand Lilis lauten:

»So sey du dem zurück gegäben
Der dich, du holdes Kind uns gab.
Dein Tod sey Übergang zum Leben,
Und Seeligkeit dein frühes Grab.«

Fonds Turckheim Dachstein.

 Bezugspapier: Anke Rosenlöcher. Gesetzt in der Schrift Bembo. Gedruckt auf holzfreies, alterungsbeständiges Werkdruckpapier der Papierfabrik Cordier, Bad Dürkheim, vom Druckhaus Nomos, Sinzheim. Gebunden in Fadenheftung von der Buchbinderei Spinner, Ottersweier. Printed in Germany.

ISBN 978-3-458-17603-9